REGINA GOTTSCHALK

AUF NACHRICHT WARTEN

Regina Gottschalk

Auf Nachricht warten

Geschichte der jüdischen Familie Getreuer
aus dem Böhmerwald

1938 – 1942

edition lichtung

1. Auflage 2015

94234 Viechtach Bahnhofsplatz 2a
www.lichtung-verlag.de

Umschlagfoto: Sammlung Ruth Horwitz
Bildbearbeitung: Günter Holler
Herstellung: Friedrich Pustet GmbH & Co. KG, Regensburg
ISBN 978-3-941306-20-2

Zum Buch:
Erhalten gebliebene Briefe sind der Ausgangspunkt der Recherchen von Regina Gottschalk, anhand derer sie das Schicksal einer jüdischen Familie aus dem Böhmerwald in den Jahren der nationalsozialistischen Verfolgung nachzeichnet.
In dem kleinen Dorf Schwanenbrückl lebt das Ehepaar Getreuer mit vier Kindern als einzige jüdische Familie. Durch das Münchner Abkommen 1938 fällt ihre Heimat an das Deutsche Reich; die Familie wird zur Flucht ins vermeintlich sichere Prag gezwungen. Den erwachsenen Kindern gelingt es in die USA zu emigrieren, die Eltern sollen später nachkommen. Mittels Briefen versucht die auseinandergerissene Familie den Zusammenhalt zu bewahren. Das Warten auf Nachricht bestimmt von nun an das Leben. Schließlich werden die Eltern und fast alle anderen in Hitlers Machtbereich zurückgelassenen Angehörigen deportiert und ermordet. Die Kinder warten noch lange vergeblich auf Nachricht …
Regina Gottschalk schildert auf Grundlage der Familienkorrespondenz und anderer Zeitdokumente detailliert die demütigenden Lebensbedingungen der Betroffenen unter der Last der Judengesetze und ihre seelische Verfassung: die Sehnsucht nach den Kindern in der Fremde, die Hoffnung, „diese ernsten Zeiten“ zu überleben, die Ängste angesichts der einsetzenden Deportationen und das bis zuletzt bewahrte Gottvertrauen.

Die Autorin:
Dr. Regina Gottschalk geb. Getreuer, geboren 1940 in Prag, aufgewachsen in Dresden, 1957 Flucht mit den Eltern in die Bundesrepublik. Studium der Germanistik, Geschichte und Politikwissenschaft in Tübingen und München. Bis zur Pensionierung Gymnasial-Lehramt für Deutsch, Geschichte und Sozialkunde. Dr. Regina Gottschalk lebt in Stephanskirchen (Lkr. Rosenheim).

Inhalt

Vorwort
Am Anfang stand eine Hochzeitsanzeige

Vor über zwanzig Jahren erhielt ein alter Herr in Kanada Post aus Europa. Der Brief seines Geschäftsfreundes enthielt die Hochzeitsanzeige eines holländischen Brautpaares, das den gleichen – sehr seltenen – Familiennamen wie der Herr in Kanada trug, nämlich „Getreuer“. Paul Getreuer stammte ursprünglich aus Böhmen, war 1938 nach dem „Anschluss“ aus Wien vor den Nationalsozialisten geflohen und verbrachte den größten Teil seines Lebens in Singapur, bevor er zu seiner Tochter nach Kanada zog. Er hatte erfahren, dass seine Familie Opfer des Holocaust geworden war. Paul Getreuer war überzeugt, der einzige Überlebende der Familie Getreuer aus Libochowitz (Libochovice) in Böhmen zu sein, nachdem er jahrzehntelang vergeblich in Adress- und Telefonbüchern in aller Welt nach Personen seines Namens gesucht hatte. Paul Getreuers Freund wusste davon und sandte ihm deshalb die Hochzeitsanzeige aus Holland.
Pauls Brief an die Familie Getreuer in Holland hatte eine ungeahnte Wirkung: Die holländische Familie stammte tatsächlich ursprünglich aus dem gleichen Ort und war mit ihm verwandt. Im Folgenden wurde ein ganzes Netz von Verbindungen zu anderen Zweigen der Familie freigelegt: In Deutschland, in Österreich, in Israel und in den USA gab es eine große Zahl von Angehörigen dieser Familie, Nachkommen von Überlebenden und Emigranten.
Zunächst waren die verwandtschaftlichen Beziehungen unübersichtlich, erst ein Familienstammbaum konnte Klarheit bringen. Die Eltern des holländischen Bräutigams, Gé und Edgar Getreuer, stellten auf der Grundlage von Matrikelbüchern der ehemaligen böhmischen jüdischen Gemeinden im Staatlichen Archiv in Prag einen Stammbaum zusammen, der zehn Generationen und ca. vierhundert Personen der Familie Getreuer umfasst.
Diese Arbeit war der Auslöser für den Wunsch nach einem Familientreffen. In Prag, in Israel und in Wien trafen sich Angehörige

der Familie Getreuer aus vielen Teilen der Welt, lernten sich kennen, erzählten, was sie vom Leben der früheren Generationen wussten und brachten Dokumente aus der Familiengeschichte mit. Auf diese Weise erhielt ich, selbst eine geborene Getreuer, ein Bündel von ca. 170 Briefen, die zwischen 1938 und 1942 in Prag entstanden waren. Ein jüdisches Ehepaar, Heinrich und Frieda Getreuer, hatte sie an seine ins Ausland geflohenen erwachsenen Kinder geschrieben, bevor die beiden nach Jahren der Drangsal deportiert und in einem Vernichtungslager ermordet wurden.
Die Briefe waren über sechzig Jahre von den Nachkommen in den USA zur Erinnerung an die Ermordeten aufbewahrt worden. Die Enkel konnten die in Deutsch und überwiegend in Kurrentschrift geschriebenen Briefe nicht lesen und baten mich, ihnen über ihren Inhalt Auskunft zu geben. Als ich die Papiere in die Hände bekam, fand ich zunächst keinen Zugang zu ihnen. Vor mir lagen ungeordnete, schwer entzifferbare, qualitativ schlechte Kopien von Schriftstücken, die von der Korrespondenz der Familie erhalten geblieben sind. Der Inhalt der Briefe erschien mir monoton und inhaltsarm, die darin genannten Personen konnte ich in keinen Zusammenhang bringen und die Andeutungen bestimmter Ereignisse verstand ich nicht. Erst nach und nach gelang es mir durch langwieriges Entziffern, Entschlüsseln, Kombinieren und Recherchieren, die Zusammenhänge zu verstehen. Dabei halfen mir die Nachkommen in den USA und in Israel mit zusätzlichen Materialien zur Familiengeschichte: mit vielen historischen Fotos, einem Tagebuch, handschriftlichen Jugenderinnerungen, Memoiren, persönlichen amtlichen Dokumenten, weiteren historischen Briefen aus dem Verwandten- und Bekanntenkreis sowie mit eigenen Erinnerungen.
Schließlich entfaltete sich aus all dem eine Familiengeschichte aus den 30er und 40er Jahren des 20. Jahrhunderts: Eine jüdische Familie lebt friedlich und unangefochten in dem kleinen Dorf Schwanenbrückl (Mostek) im Böhmerwald[1], bis ihre Heimat durch Hitlers Machtpolitik an das Deutsche Reich angeschlossen wird und sie Schritt für Schritt der nationalsozialistischen „Judenpolitik“ zum Opfer fällt. Sie wird zur Aufgabe ihres Besitzes und zur Flucht nach Prag, ins vermeintlich sichere

Landesinnere gezwungen, die Eltern werden von ihren Kindern durch deren Emigration getrennt und bleiben selbst in ausweg-loser Lage zurück. Den Verfolgungen der Nationalsozialisten ausgesetzt, fristen sie mit einer kleinen Gruppe Verwandter ein trauriges Dasein zwischen Hoffnung auf Auswanderung zu ihren Kindern und Furcht vor der drohenden Deportation ins Ungewisse. Schließlich werden sie in einem Vernichtungslager im besetzten Polen von den Nationalsozialisten ermordet. Vergeblich suchen ihre Kinder noch jahrelang nach den Verschwundenen und warten auf eine Nachricht.

Der dreieinhalbjährige Leidensweg der Familie spiegelt sich in ihren Briefen. Diese Jahre sind vom Warten auf Nachricht geprägt: Die Kinder warten auf Post von den Eltern aus Prag, diese warten auf Berichte von ihren Lieben in Übersee. Die Zurückgebliebenen warten auf die Nachricht, dass auch sie endlich die Möglichkeit zur Auswanderung bekommen, warten weiter – als die Hoffnung darauf schwindet – auf das Kriegsende, von dem sie sich Erlösung aus ihrer qualvollen Lage versprechen, und warten voller Bangen auf den Tag der Deportation, der unaufhaltsam immer näher kommt. Schließlich warten die Angehörigen auf Nachricht von den spurlos Verschwundenen oder wenigstens auf Auskunft über ihr Schicksal.

Die vorliegende Studie lässt die Ermordeten noch einmal zu Wort kommen. Ihre Briefe geben uns eine Vorstellung von ihren Lebensbedingungen als Juden unter der nationalsozialistischen Herrschaft in Prag, erzählen von schwindenden Hoffnungen und beklemmenden Ängsten, sind aber auch Dokumente ihrer großen Liebe zu ihren Kindern und ihres berührenden Gottvertrauens.

Mehr als siebzig Jahre nach ihrem Tod gibt es außer der ältesten Enkelin keine Zeitzeugen mehr. Die jüngeren Nachkommen kennen das Schicksal ihrer Großeltern nur vom Erzählen. Doch erzählt wurde nicht viel. Die Generation der Überlebenden wollte die Last der Erinnerung nicht an ihre Kinder weitergeben – eine Haltung, die in vielen betroffenen Familien verbreitet war. Über das Leben als Juden in der Zeit der Verfolgung gibt es viele biographische und autobiographische Schriften. Oft handeln sie von Menschen, die der Vernichtung entronnen sind. Frieda und Heinrich Getreuer gehören nicht zu diesen Glücklichen. Ihr Lebens- und Leidensweg ist der gleiche wie der von Millionen anderen Opfern, und doch ist jedes Schicksal individuell und einer eigenen Würdigung wert.

Aus Respekt vor der authentischen Quelle, den ergreifenden Briefen, wurden möglichst viele Zitate in den Text aufgenommen. Diese werden ergänzt durch erzählende und erklärende Passagen.

Die Arbeit an dieser Familiengeschichte war ein Weg mit großen und kleinen Erfolgen beim Freilegen verwehter Lebensspuren, oft aber auch ein Griff ins Leere, wo die Geschichte schon endgültig den Vorhang zugezogen hatte oder die Suche nach Details zu aufwendig geworden wäre. So ließen sich Fehler, Irrtümer und Ungenauigkeiten nicht immer vermeiden.

Diese Schrift hat zwar „nur" die Geschichte einer unbekannten Familie zum Gegenstand. Aber wenn die Urenkel Fragen stellen, so gibt sie im Rahmen der heute noch auffindbaren privaten Quellen Antwort und bewahrt die ermordeten Mitglieder der Familie vor dem Vergessenwerden.

Versteht man unter „Urenkeln" die nachfolgenden Generationen allgemein, so könnte auch für dieses Buch gelten, was Martin Doerry in der Einleitung zu seinem Buch „Mein verwundetes Herz" über seine Großmutter Lilli Jahn schreibt:

> Jede neue Generation, jede authentische Quelle aus der NS-Zeit erreicht auch neue Leser und ist schon deswegen ein Gewinn für die politische Kultur der Gegenwart und das historische Bewusstsein kommender Generationen.[2]

Familie Getreuer um 1930
Untere Reihe (v.l.): Else, Walter und Louise Getreuer; obere Reihe (v.l.): Josef Abeles, Frieda und Heinrich Getreuer, Rose Abeles geb. Getreuer

Prolog
Hitler hatte Entspannung nötig

Hitler hatte Entspannung nötig. Er saß am Samstag, dem 17. September 1938, in seinem Teehaus und sah sich einen „netten, lustigen, alten Film“[3] an.

In den vergangenen Wochen hatte er hoch gepokert, um einem großen außenpolitischen Ziel näher zu kommen: Dem tschechoslowakischen Staat sollte das Sudetenland entrissen werden, ohne einen Krieg zu riskieren. Jetzt stand das „Münchner Abkommen“ vor dem Abschluss, das die Abtretung der sudetendeutschen Gebiete an das Deutsche Reich formal legitimierte. Hitler konnte sich die Hände reiben und den netten, alten Film genießen …

An diesem Samstag trug eine Familie in dem kleinen zum Sudetenland gehörenden Dorf Schwanenbrückl im Böhmerwald ein paar Habseligkeiten aus ihrem Haus, packte hastig Möbel, Bettzeug, Hausrat und Kleidung auf einen Lastwagen und verließ unter den Blicken der erschrockenen Dorfbewohner ihre Heimat für immer. Es war die einzige jüdische Familie im Dorf.

Welchen Hintergrund hatten diese Ereignisse? Die tschechoslowakische Regierung befand sich in diesem Herbst in einer fatalen Lage. Im tschechischen Staat, 1918 aus der Konkursmasse der österreichisch-ungarischen Monarchie entstanden und in seiner territorialen Integrität von England und Frankreich garantiert, lebten viele deutschsprachige Bürger. Vor allem in den Randgebieten zu Deutschland und Österreich gab es geschlossene deutsche Siedlungsgruppen. Für diese Gebiete kam in der Zeit zwischen den Weltkriegen der Begriff Sudetenland auf. Viele der rund 3 Millionen Einwohner, die „Sudetendeutschen“, fühlten sich als tschechische Staatsbürger nicht wohl. Dieses gespannte Verhältnis kam Hitler gelegen, dessen Ziel die schrittweise Erweiterung des deutschen Machtbereichs nach Osten war. Er unterstützte die Sudetendeutsche Partei, die den Anschluss an das Deutsche Reich wünschte und bei einer großen Zahl von Sudetendeutschen Anklang fand. Antitschechische Aktionen wurden – von Hitler-Deutschland lanciert – immer häufiger und aggressiver.[4] Der tschechoslowakische Staatspräsident Beneš musste weder Hitlers Drohgebärden noch die Umtriebe der Anhänger der Sudetendeutschen Partei fürchten, solange er sich der vertraglich zugesagten Unterstützung Englands und Frankreichs sicher war. Diese Staaten jedoch fürchteten nichts mehr als einen neuen Krieg und waren deshalb bereit, Hitler bei seiner Forderung nach dem Anschluss entgegenzukommen, zumal die Mehrheit der sudetendeutschen Bevölkerung die Loslösung von der Tschechoslowakei zu wünschen schien.

Von Deutschland gezielt inszenierte Zusammenstöße dienten dazu, eine „Sudetenkrise" zu suggerieren, die glauben machen sollte, ein Krieg stehe bevor. In der zweiten Septemberwoche 1938 fand in Nürnberg der jährliche Reichsparteitag der NSDAP statt. Was würde Hitler hier zur „Sudetenkrise" sagen? In der Abschlussrede am 12. September ließ Hitler zwar nicht die Katze aus dem Sack, aber man konnte einen Blick hineinwerfen: „Die Deutschen in der Tschechoslowakei sind weder wehrlos noch sind sie verlassen."[5] Dieser Satz am Ende der Rede klang harmlos, bedeutete aber im Klartext: Das Deutsche Reich steht hinter dem Wunsch der Sudetendeutschen nach dem Anschluss. England und Frankreich knickten aus Sorge vor einem Krieg ein und signalisierten der tschechoslowakischen Regierung, dass sie dem Druck nachgeben würden. Noch vor Ende des Monats September wurden alle Weichen für die Übergabe des Sudetenlandes an das Deutsche Reich gestellt. Im Münchner Abkommen vom 29. September vereinbarten Deutschland, England, Frankreich und Italien die Abtretung des Sudetenlandes an Deutschland. Die tschechoslowakische Regierung musste sich dem Druck fügen.

Die Weltöffentlichkeit reagierte erleichtert, da der Frieden gerettet schien. In Deutschland feierte die gleichgeschaltete Presse Hitler als Retter des Friedens, im Sudetenland zogen Begeisterte mit Fahnen und Musik durch Städte und Dörfer. Was die Stunde wirklich geschlagen hatte, wussten die überrumpelten Tschechen und die rund 30 000 Juden[6], die im Sudetenland zu Hause waren. Zu ihnen zählten Heinrich und Frieda Getreuer mit ihren Kindern Rose, Louise und Walter aus Schwanenbrückl.

I Im Böhmerwald zu Hause

Was dieser heute baut,
reißt jener morgen ein;
wo jetzt noch Städte stehn,
wird eine Wiese sein.
Andreas Gryphius (1616–1664)

1. Das untergegangene Dorf

An die obige Verszeile von Andreas Gryphius aus der Zeit des Dreißigjährigen Krieges[7] fühlt sich erinnert, wer heute Schwanenbrückl sucht. Die Ortschaft mit dem Namen wie aus einem Märchen findet man auf keiner Karte mehr. Schwanenbrückl hat den Status eines „untergegangenen Dorfes“.
Was das bedeutet, erfahren wir, als wir uns aufmachen, den Ort zu suchen.[8] Von Schönsee aus, einem größeren Ort in der zu Bayern gehörenden Oberpfalz, fragen wir uns nach dem Pas-

Abb. 1: Standort des untergegangenen Dorfes Schwanenbrückl im Mai 2010

Abb. 2: Blick aus dem Haus Getreuer zum Schulhaus (rechts) und zum Gasthaus Sellner (links)

sieren der tschechischen Grenze zu unserem Ziel durch. In der Abenddämmerung fahren wir auf einer ungeteerten Landstraße parallel zum Flüsschen Radbusa. Plötzlich fällt uns rechts der Straße am Waldrand ein knallgrünes Schild ins Auge. Darauf steht in Tschechisch und Deutsch: *Zaniklá ves – untergegangenes Dorf – Mostek/Schwanenbrückl.* Neben dem Schild flankieren zwei düstere Zypressen wie Wächter ein verrostetes Kruzifix. Es steht auf einem steinernen Sockel mit der Jahreszahl 1862. Hinter diesem gespenstischen Szenario wuchert struppiger Wald. Die Bäume sind kaum älter als fünfzig Jahre. In der Dämmerung sammelt ein älterer schnauzbärtiger Mann zwischen Gestrüpp und Mauerresten Bärlauch in einen Korb. „Alles weg", sagt er zu uns, „Kommunisten Dorf kaputt – schade."

Zu unserer Orientierung haben wir nur einen handgezeichneten Plan von Schwanenbrückl und ein altes Foto mit einer Ansicht des Dorfes im Winter. Wir folgen einem Weg, der rechtwinklig von der Straße leicht ansteigend in Richtung Westen zur bayerischen Grenze führt. Zu erkennen sind Überreste verwitterter Grundmauern längs des Weges, an dessen rechter Seite ein kleines Bächlein, das Johannesbächlein, der Radbusa zufließt.

An einer leichten Wegbiegung muss auf der linken Straßenseite das Anwesen der Familie Getreuer mit der Hausnummer 14

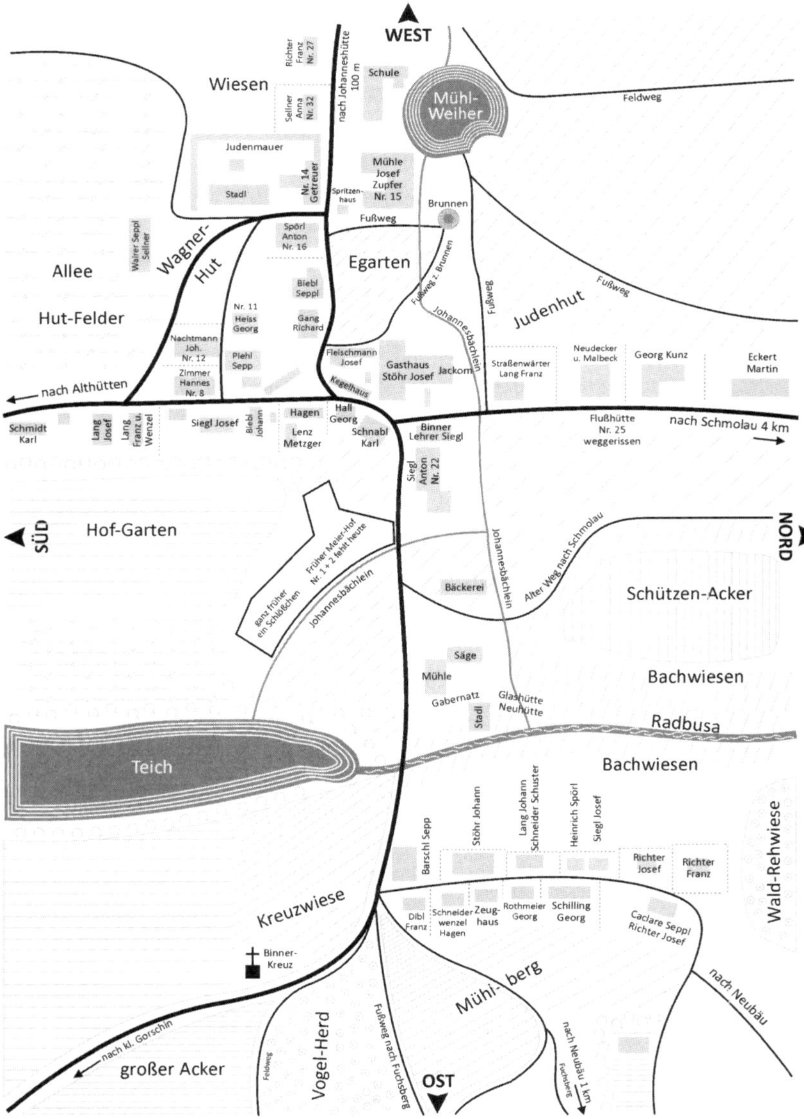

Abb. 3: Planskizze von Schwanenbrückl, erstellt nach einer Vorlage von Johann Hauer und Franz Richter, entstanden ca. 1985

gewesen sein. Wir sehen grasüberwachsene Ziegelsteine und Holzbalken, erkennen Reste einer Mauer, die in dem Plan „Judenmauer" genannt wird, stoßen auf den Torso eines uralten Kirschbaums. Der Blick geht wie vor Jahrzehnten über Wiesen und Wälder in sanfter Hügellandschaft. Es fällt schwer, sich vorzustellen, dass hier vor einem Menschenalter ein Dorf mit zweihundertfünfzig Einwohnern stand.

Bis 1918 zur österreichischen Doppelmonarchie gehörend, danach Teil der Tschechoslowakei, wurde das Dorf 1938 dem Deutschen Reich zugeschlagen. Nach dem Ende des Zweiten Weltkriegs nahmen die Tschechen das Gebiet wieder in ihren Besitz und wiesen die deutsche Bevölkerung aus. Während des Kalten Krieges wurden die grenznahen Ortschaften zum Sperrgebiet erklärt und nicht wieder besiedelt. Eine doppelte Zaunanlage markierte die Grenze zwischen östlicher und westlicher Welt.

Alle Dörfer im Grenzgebiet verfielen. Aus den leer stehenden Häusern holten sich Anwohner aus der Umgebung, was sie brauchen konnten. 1950 wurde Schwanenbrückl als Ortschaft gelöscht. Um 1957 rückten Bulldozer an und machten die Reste des Dorfes dem Erdboden gleich.[9] In Grenznähe sollte möglichst kein Haus mehr stehen, um die Kontrolle über den

Abb. 4: Fundstücke aus dem Garten der Familie Getreuer in Schwanenbrückl, 2011

Grenzstreifen zu erleichtern. Bald überwucherte Gestrüpp die letzten Mauerreste; nur am Standort der Bäume ist heute noch erkennbar, wo sich einst Wege durch das Dorf zogen.
Nach dem Ende des Kalten Krieges wagten sich einige ehemalige Schwanenbrückler „hinüber" und suchten nach Spuren früheren Lebens in ihrem ehemaligen Heimatdorf. Von der Familie Getreuer konnte niemand mehr kommen. Aber ein ehemaliger Nachbar grub auf ihrem Grundstück einen zerbrochenen Krug aus der Erde.[10] Spätere „Schatzsucher" fanden eine verrostete Schaufel, einen blau emaillierten Kindernachttopf, ein Glasfläschchen und Scherben von weißen und braunen Schüsseln und Bechern:[11] letzte Überreste des Haushalts einer einst gut situierten Familie.

2. Schwanenbrückl

„Dorf mit 36 Häusern und 221 Bewohnern, sechs Kilometer westlich von Muttersdorf in 520 Meter Meereshöhe im Tale der

Abb. 5: Ansicht von Schwanenbrückl auf einer alten Postkarte; das Anwesen der Familie Getreuer lag am oberen Rand des Dorfkerns

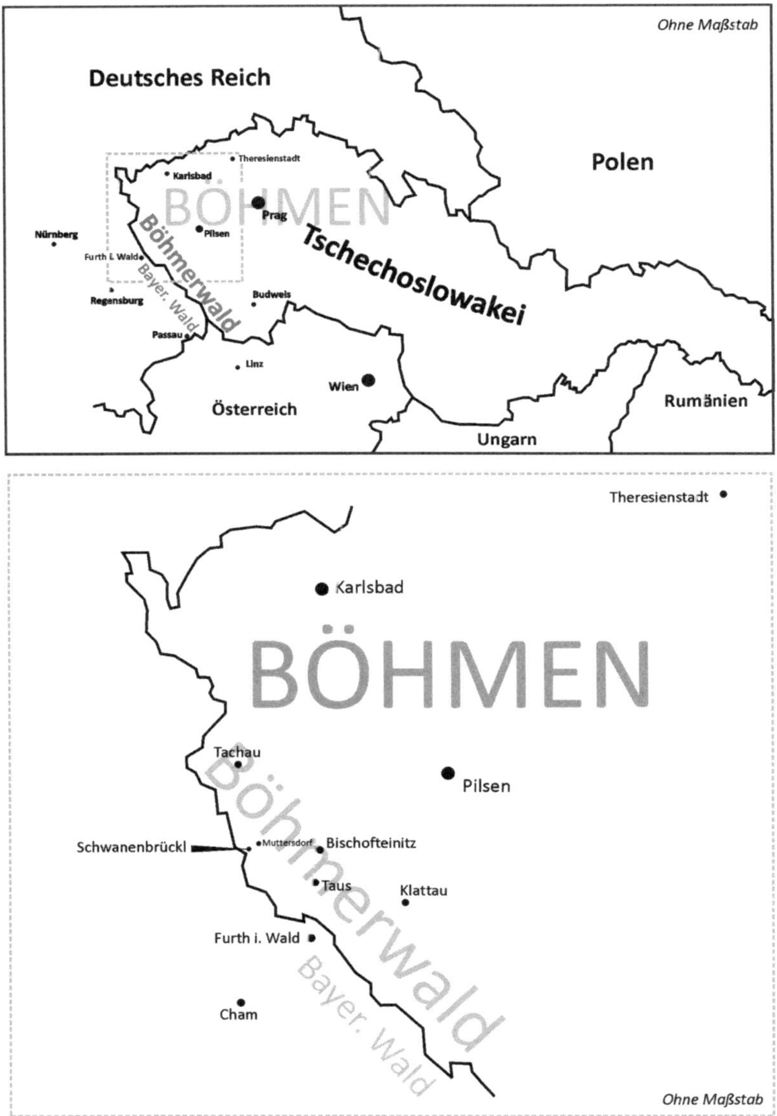

Abb. 6: Vereinfachte Überblickskarte Tschechoslowakei 1937

Radbusa anmutig zwischen Fluß und Wald gelegen" – so beginnt eine alte Ortsbeschreibung.[12] Das Klima ist rau im Böhmerwald, manchmal gibt es schon im September Frost. In harten Wintern war das Dorf Schwanenbrückl oft mehrere Wochen von der Außenwelt abgeschlossen. Die kargen Böden und die feuchten Wiesen ernährten die Bewohner nicht üppig.
Die Ortschaft lag weitab von großen Verkehrswegen knapp 5 km von der bayerischen Grenze entfernt im Winkel zwischen den großen Waldgebieten Oberpfälzer Wald und Böhmerwald. Seit 1918 führte als einziges öffentliches Verkehrsmittel eine Kleinbahn von Weißensulz (Bělá nad Radbuzou) nahe Schwanenbrückl nach Eger (Cheb). Kirchgänger mussten zu Fuß in den Nachbarort Waier (Rybník nad Radbuzou) oder 6 Kilometer weit nach Muttersdorf (Mutěnín) gehen. Hier fand man auch einen Arzt, der zugleich als Zahnarzt fungierte, und die nächste Apotheke. Wer größere Besorgungen zu machen hatte, eine Bank, die Post oder ein Krankenhaus brauchte, musste sich in die Bezirkshauptstadt Bischofteinitz (Horšovský Týn) oder in die Landstadt Taus (Domažlice) begeben. Die nächste Großstadt

Abb. 7: Ansichtskarte von Schwanenbrückl, rechts das Wohn- und Geschäftshaus Getreuer-Klauber

war das rund 80 Kilometer entfernte Pilsen, in die Hauptstadt Prag waren es rund 120 Kilometer.
Die Einwohner sprachen Deutsch; Tschechen lebten nur wenige in dieser Region. Die Menschen führten ein einfaches Leben ohne Not, aber auch ohne jeden modernen Komfort. Bis weit ins 20. Jahrhundert war ihre Lebensform kaum anders als in den vorangegangenen Jahrhunderten. Sie ernährten sich wie im vorindustriellen Zeitalter von dem, was Wälder, Wiesen, Felder und Gewässer hergaben. Unverzichtbar waren die Gärten, in denen Obst und Gemüse angebaut wurden. In den Bächen und Teichen ringsum gab es reichlich Fische und Krebse.
Die Dorfbewohner waren auf Selbstversorgung angewiesen und das ganze Jahr damit beschäftigt, diese zu organisieren. Die meisten lebten von einer kleinen Landwirtschaft. Es gab einige traditionelle Gewerbe, die jedoch kaum bezahlte Arbeitsplätze boten: Schwanenbrückl besaß zwei Mühlen und eine Brettsäge, ein Forsthaus, eine Schule und ein Bürgermeisteramt, einen Gemischtwarenladen, einen Schuster und eine Näherin im Nachbardorf; auch ein Bäcker und ein Metzger, ein Maurer, ein Wagenmacher und ein Fassmacher betrieben ihr Handwerk. Sogar zwei Gasthäuser fanden ausreichend Gäste. Eine Besonderheit war der Musterstecher, ein geschickter Kunsthandwerker, der die Vorlagen für die komplizierten Klöppelspitzen schuf.
Die Herstellung von Klöppelspitzen in Heimarbeit war für die Frauen und Mädchen die einzige Möglichkeit zum Geldverdienen im Dorf. Viele gingen aber auch mit 14 Jahren „in Stellung“ in einen Haushalt oder in ein Geschäft in der Stadt. Auch die jungen Burschen verließen ihre Heimat, um als Saisonarbeiter in Bayern oder in Sachsen zu etwas Geld zu kommen.
Diese Lebensbedingungen erforderten engen Zusammenhalt der Dorfbewohner. Jeder kannte jeden, viele waren miteinander verwandt, und einer brauchte den anderen. Was der einzelne nicht schaffte, brachte die Familie zustande. Was die Familie überforderte, übernahm die Dorfgemeinschaft. Neben der 1789 gegründeten Schule gehörten die Freiwillige Feuerwehr und das Gemischtwarengeschäft zu den wichtigsten Einrichtungen im

Abb. 8: Großmutter Fanny Klauber an ihrem 70. Geburtstag im Jahr 1921; hinter der Jubilarin ihr Schwiegersohn Heinrich Getreuer (Mitte) sowie weitere Mitglieder der Freiwilligen Feuerwehr

Dorf. Die beiden letzteren verdankten die Schwanenbrückler ihrem Mitbürger Heinrich Getreuer.[13]

3. Familie Getreuer

Heinrich Getreuer, geboren 1883 in Vojnice (Groß-Wunitz), einem kleinen Ort in Nordböhmen, heiratete 1909 die 23-jährige Frieda Klauber aus Schwanenbrückl. Die Familie Klauber war die einzige jüdische Familie im Ort. In den Nachbardörfern wohnten vereinzelt weitere Juden. Die nächstgelegene jüdische Gemeinde mit Synagoge, Rabbiner und Friedhof hatte ihren Sitz im 6 Kilometer entfernten Muttersdorf.[14]

Die Vorfahren von Frieda Klauber lassen sich bis zu ihren Urgroßeltern Jakob Klauber und Mina Mandler zurückverfolgen. Nach einem handgeschriebenen Stammbaum der Familie[15] lebte Jakob von 1765 bis 1857 und stammte aus Ronsperg östlich von

Schwanenbrückl. Jakob war um 1850 Pächter des sogenannten „Flusshauses". In einem Flusshaus wurde aus Holzasche Pottasche gewonnen, die zur Glasherstellung diente. Sein Sohn Bernhard, verheiratet mit Sara Bloch, folgte ihm 1851 als Pächter nach. Zur Pacht des Flusshauses gehörte auch das Recht der Branntweinherstellung.[16]

Nachdem Kaiser Josef II. im letzten Jahrzehnt des 18. Jahrhunderts den Juden in Österreich-Ungarn bürgerliche Freiheiten eingeräumt hatte, konnten sie sich schrittweise emanzipieren. Nach der Revolution von 1848 durften sie Wohnort, Beruf und Familienstand frei wählen.

Bernhards Sohn Emanuel (1850–1926) und seine Frau Franziska (1851–1933), Fanny genannt, besaßen bereits im letzten Drittel des 19. Jahrhunderts das Anwesen Nr. 14 in Schwanenbrückl.[17]

Als Ende des 19. Jahrhunderts die Glasherstellung in Schwanenbrückl aufgegeben wurde, musste sich die Familie Klauber nach einem anderen Erwerbszweig umsehen, denn Pottasche wurde nicht mehr gebraucht. Im wirtschaftlich schwachen Böhmerwald gab es kaum Möglichkeiten zum Geldverdienen. Vom Erzgebirge ausgehend entwickelte sich im Bayerischen Wald und im Böhmerwald die Herstellung von Klöppelspitzen zu einem typischen Erwerbszweig. Frauen und Mädchen klöppelten in Heimarbeit kunstvolle Spitzen, die von Händlern bestellt, aufgekauft und vermarktet wurden. Emanuel Klauber betrieb in Schwanenbrückl einen solchen Spitzengroßhandel, den wohl die Familie seiner Frau aus München dorthin gebracht hatte.[18]

Neben dem Spitzengeschäft besaßen schon Emanuel und Fanny Klauber in ihrem Haus eine Art ländliches Kaufhaus, das sämtliche Waren führte, die in einem abgelegenen Dorf benötigt wurden. Das Geschäft war unentbehrlich für die Bevölkerung von Schwanenbrückl und der umliegenden Ortschaften und sicherte der Familie Klauber-Getreuer zusammen mit dem Spitzengroßhandel ein gutes Auskommen.

Ihr Anwesen, an der Dorfstraße gegenüber der Schule gelegen, bestand aus mehreren Gebäuden und Grundbesitz. Das Wohnhaus umfasste zwei Wohnzimmer, fünf Schlafzimmer, zwei Küchen, ein Büro, das Geschäft, vier Lager, einen Speicher,

vier Vorratskammern, einen großen Keller und eine Werkstatt. Das Haus und die Nebengebäude waren umgeben von Obst-, Gemüse- und Blumengärten. Zu ihrem Eigentum zählten weiterhin zwei Felder und fünf Wiesen. Insgesamt umfasste der Besitz ungefähr zwei Hektar. Sein Wert wird mit rund 150 000 Kronen angegeben.[19]
Emanuel und Fanny Klauber hatten vier Töchter: Mina, Elsa, Martha und Frieda. Nur Frieda blieb in Schwanenbrückl und übernahm den elterlichen Besitz. Ihre Schwestern zogen nach ihrer Heirat fort, kamen aber oft mit ihren Familien zu Besuch in ihr Elternhaus.
Heinrich Getreuer übernahm nach der Einheirat in die Familie Klauber allmählich die Geschäfte seines Schwiegervaters Emanuel Klauber. Seine Familie stammte ursprünglich aus der kleinen Stadt Libochovice in Nordböhmen. Seine Eltern Jacob Getreuer und Rosalie Nalos hatten sieben Kinder, von denen fünf Söhne das Kindesalter überlebten: Adolf, Ludwig, Heinrich, Siegmund und Friedrich.
Heinrich, ein kleingewachsener, untersetzter Mann, war nach einer Kriegsverletzung am rechten Bein gehbehindert. Er war

Abb. 9: Haus Getreuer, Schwanenbrückl Nr. 14

Abb. 10: Großmutter Fanny Klauber (vorne Mitte) im Kreise ihrer Familie 1933. (V. l.): vermutlich Elsa Anspach und Martha Epstein, daneben Alice Epstein, Trude Anspach, Rose Abeles, Ruth Abeles, Louise, Frieda, Else, Walter und Heinrich Getreuer

nach Aussagen von ehemaligen Schwanenbrücklern vielseitig begabt, erfinderisch, handwerklich und kaufmännisch geschickt, außerdem hilfsbereit und großherzig. Durch diese Eigenschaften und besonders als Gründer der Freiwilligen Feuerwehr erwarb sich „Heiner", wie er genannt wurde, großes Ansehen.
Es ist überliefert, dass er, der als erster im Dorf ein Automobil besaß, Nachbarn in die Stadt mitnahm, wenn sie dort Besorgungen hatten, oder sie zum Arzt oder ins Krankenhaus fuhr, wenn seine eigenen Kenntnisse als ausgebildeter Sanitäter nicht ausreichten.[20] Heinrich besaß auch das erste Rundfunkgerät im Ort, das er mit einem selbst gebauten Generator betrieb.[21]
Von seiner Frau Frieda ist aus der Schwanenbrückler Zeit nicht viel überliefert. Sie hat sich wohl vor allem um den großen Haushalt und um die Familie gekümmert, war für ihre Kinder und die pflegebedürftig werdenden Eltern da. Daneben arbeitete sie im Laden und im Spitzenhandel mit, der ihr besonders am Herzen lag.

Abb. 11: Frieda und Heinrich Getreuer in ihrem Garten, Weihnachten 1935

Die erhalten gebliebenen Fotos aus den frühen dreißiger Jahren zeigen Frieda als kleine, rundliche Frau mit einem freundlichen, mütterlich wirkenden Gesicht, meist inmitten ihrer Familie.
Heinrich und Frieda hatten vier Kinder: Rosina, genannt Rose oder Rosl, geb. 1910, Louise, geb. 1911, Elsa, geb. 1913, und Walter, geb. 1916. Sie verbrachten in Schwanenbrückl eine glückliche, unbeschwerte Kindheit, an die sie sich ihr Leben lang dankbar erinnerten.[22]
Zufällig ist ein kurzer Amateurfilm aus dem Jahr 1938 erhalten geblieben: Besuch von Verwandten ist – per Auto! – in Schwanenbrückl eingetroffen. Frieda, in einem schürzenartigen Kleid, schließt die Ankommenden, unter ihnen ein kleines Kind, herzlich in die Arme; Heinrich eilt hinzu, man erkennt seine Gehbehinderung; Sohn Walter steht in der Haustür und rückt seine Krawatte zurecht; ganz kurz ist auch Tochter Louise zu sehen, den Gästen entgegengehend.[23] Die schöne Lage des Ortes, der große Garten, das geräumige Haus und die Gastfreundlich-

keit seiner Bewohner ließen das Anwesen in Schwanenbrückl in den 20er und 30er Jahren zum beliebten Treffpunkt der weit verzweigten Familie werden.
Die Töchter erhielten nach dem Besuch der einklassigen Schwanenbrückler Schule eine weiterführende Schulbildung in Prag und danach eine Berufsausbildung. Mit 17 Jahren nahm Rose eine Lehre im Spitzen- und Wäschegeschäft Rosa Klauber in München auf, das ihre Urgroßmutter gegründet hatte, und heiratete zwanzigjährig in der Synagoge von Muttersdorf Josef Abeles, einen Sohn aus der Münchner Kaufmannsfamilie Abeles. 1932 kam in München ihr einziges Kind zur Welt, die von der ganzen Familie geliebte Ruth. Das Mädchen verbrachte einen großen Teil seiner frühen Kindheit bei den Großeltern in Schwanenbrückl. Für die kleine Ruth Abeles war ihr Cousin Jiří, ein Einzelkind wie sie, ein willkommener Spielkamerad, obwohl er zu ihrer Enttäuschung nur Tschechisch sprach. Walter Getreuer schrieb dazu in seinem Tagebuch am 31. Juli 1937:

> Jirka und Ruthchen [...] unterhielten sich glänzend obzwar einer den anderen nicht verstand. Wenn's zu arg wurde mit dem Geschrei war Ruthchens Endergebnis höchstens „Der ist dumm, daß es schrecklich ist" worauf der čechische Bua [sic!] nur eine Erwiderung hatte: „Vzteklá je, jako bujná kráva."[24] *(übersetzt: „Wütend ist sie, wie eine tolle Kuh.")*

Die jüngere Tochter Louise lernte Schneiderin, trat danach ins väterliche Geschäft in Schwanenbrückl ein und wurde darauf vorbereitet, dieses eines Tages zu übernehmen. Else, die jüngste Tochter, arbeitete im Delikatessengeschäft ihres Onkels Ludwig Anspach in Karlsbad, bis eine plötzliche Erkrankung – wahrscheinlich Meningitis – die 24-Jährige binnen weniger Tage dahinraffte. Elses Tod im Frühjahr 1937 war ein Ereignis, das Eltern und Geschwister zutiefst erschütterte. Walter, jüngstes Kind und einziger Sohn, war wohl der Hahn im Korb und hatte Privilegien, die Mädchen zu damaliger Zeit nicht eingeräumt wurden. Er absolvierte das Gymnasium in Pilsen und studierte danach in Prag Medizin. Ausgestattet mit einem großzügigen Taschengeld aus Vaters Kasse lebte er ohne finanzielle Probleme. Er reiste häufig zu den Verwandten nach München, ließ es sich

Abb. 12: Ruth Abeles, Frieda und Heinrich Getreuers Enkelin, mit ihrem Cousin Jiří Getreuer und dem zahmen Rehkitz „Fritzl" 1936 im Garten der Großeltern – im Hintergrund die „Judenmauer"

dort bei Ausflügen in die Alpen gut gehen und konnte sich den Kauf eines Smokings samt passendem Hemd und Lackschuhen leisten. Als Student in Prag lebte er komfortabel, besuchte häufig Opern und Theatervorstellungen, liebte den Besuch von Kinos, Cafés und Bällen. Andererseits war er ein gewissenhafter Student, der in seinem Studium zügig vorwärts kam und sich darauf freute, bald als Arzt tätig sein zu können.[25]

Die Familie Getreuer war in die Schwanenbrückler Dorfgemeinschaft voll integriert. Niemand in diesem katholischen Dorf scheint sich daran gestört zu haben, dass sie jüdischen Glaubens war. „Die Familie Getreuer war bei uns sehr beliebt", berichten die wenigen noch lebenden Zeitzeugen.[26] Auch in den Briefen und Tagebüchern der Familie gibt es keine Hinweise auf antisemitische Vorkommnisse.

Die Familie war nicht streng religiös, hielt aber die jüdischen Feiertage ein und pflegte die wichtigsten religiösen Rituale. Eine alte Schwanenbrücklerin erinnert sich, an einem bestimmten Wochentag habe man Gebete und Gesänge gehört.[27] Sicherlich handelte es sich um die wöchentliche Sabbatfeier der Familie.

Das Grundstück war an zwei Seiten von einer niedrigen Steinmauer umgeben, die in einem handgezeichneten Dorfplan als „Judenmauer“ bezeichnet ist. Dieser Begriff taucht in keiner weiteren Quelle auf. Ein Schwanenbrückler Grundstück trug die Bezeichnung „Judenhut“[28]; wahrscheinlich gehörte es zum Besitz der Familie Klauber-Getreuer.
Der Haushalt umfasste rund ein Dutzend Personen. Im Meldebogen der Volkszählung von 1921[29] sind außer dem Ehepaar und seinen vier Kindern die Großeltern Klauber, zwei mithelfende Familienangehörige und zwei Angestellte aufgeführt, die beide katholisch waren, während alle anderen unter Religionszugehörigkeit „israelisch“ eintrugen.
Alle Haushaltsmitglieder gaben als Nationalität „deutsch“ an, nur Heinrich nahm die Option wahr, sich der Nation nach als „jüdisch“ zu bezeichnen. Auch bei der Volkszählung 1930 gab Heinrich an, jüdischer Nationalität zu sein, möglicherweise aus geschäftlichen Gründen und aus Angst vor Unannehmlichkeiten bei der tschechischen Behörden.[30]

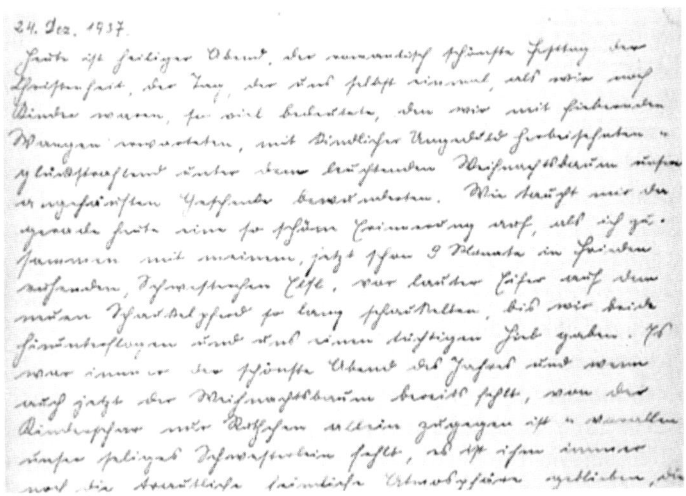
24. Dez. 1937

Abb. 13: Tagebucheintrag von Walter Getreuer am 24. Dezember 1937

Die Familie nahm an allen christlichen Festen der Dorfgemeinschaft teil, feierte auch selbst das Weihnachtsfest mit Christbaum und Geschenken, wie es von vielen Juden im deutschen Sprachraum berichtet wird. „Heute ist heiliger Abend, der romantisch schönste Festtag der Christenheit, der Tag, der uns selbst einmal, als wir noch Kinder waren, so viel bedeutete, den wir mit fiebernden Wangen erwarteten, mit kindlicher Ungeduld herbeisehnten u[nd] glückstrahlend unter dem leuchtenden Weihnachtsbaum unsere angehäuften Geschenke bewunderten“, erinnert sich Walter später in seinem Tagebuch.[31]
Unter dem Druck der Ausgrenzung und Verfolgung in der Zeit der nationalsozialistischen Herrschaft scheint die Zugehörigkeit zum Judentum für die Familie bedeutsamer geworden zu sein als früher. Nach dem Münchner Abkommen schrieb der 22-jährige Walter in sein Tagebuch: „Es ist wieder einmal eine schwere Prüfung, die uns unser Gott auferlegt hat und wir müssen sie bestehen. Wer nur an Gott glaubt, wenn es ihm gut geht, der ist ein schlechter Jude.“[32]

4. Kindheitserinnerungen

Die Kinder von Heinrich und Frieda Getreuer hielten ihre Erinnerungen an die glückliche Kindheit in ihrem Heimatdorf schriftlich fest. Walter führte ein Tagebuch, in dem er in größeren Abständen über wichtige Ereignisse berichtete. Seine Aufzeichnungen umfassten zehn Hefte, von denen nur die letzten drei erhalten geblieben sind. Sie beginnen mit seiner „Maturareise“ 1935 und enden mit der Flucht 1938.
Seine Schwester Louise brachte in ihren letzten Lebensjahren in den USA ihre Lebenserinnerungen zu Papier. Die handschriftlichen, auf Englisch abgefassten Aufzeichnungen schildern das Leben im Dorf ihrer Kindheit, ihre Jugend, die Flucht der Familie, ihre schwere Zeit als Emigrantin in England und schließlich in groben Zügen ihr späteres Leben in den USA.
Rose Abeles, die Älteste, schrieb in den 80er Jahren in der Zeitschrift ihres Clubs in den USA unter dem Titel *Memories of my*

Childhood in a Village in the Bohemian Forest mehrere Artikel über ihre Jugend in Schwanenbrückl.
Die folgende Schilderung des Lebens im Dorf in den 20er und 30er Jahren des 20. Jahrhunderts ist Louises Lebenserinnerungen entnommen; kursiv gedruckte Passagen, die Louises Darstellung ergänzen, stammen aus Roses Artikeln.[33]

„Eingebettet in den Böhmerwald lag in einem Tal ein Dorf mit 52 Häusern. Sein Name war Schwanenbrückl – mein Heimatort. Er war entlang zweier Straßen gebaut, von denen eine von einem Hügel herunterführte und eine quer dazu lag. Ein kleiner Bach, Johannesbächlein genannt, floss von den Bergen herab und traf am niedrigsten Punkt des Dorfes auf die Radbusa. Die Radbusa trug das Wasser von unserem kleinen Dorf als Teil der Beroun nach Pilsen und von dort aus zur Moldau in der Nähe von Prag. In unserem Dorf floss die Radbusa durch einen Teich, über den eine Steinbrücke führte. Eine Getreidemühle, angetrieben von dem Wasser, stand zu meiner Zeit neben dem Teich, aber viele Jahre früher residierte ein Graf von Schwanenberg hier und seine Frau fütterte die Schwäne von dieser Brücke aus. Daher kommt der Name des Dorfes: Schwanenbrückl.
Wir lebten einfach: Es gab weder Elektrizität noch Telefon, Radio oder gar Fernsehen oder fließendes Wasser – aber jedermann lebte friedlich auf seine Weise in Zufriedenheit. Die Dorfbewohner besaßen größtenteils ein paar Felder oder Wiesen, eine Kuh oder Ziegen und waren den ganzen Sommer mit Pflanzen

Abb. 14: Ansicht des Dorfes Schwanenbrückl auf einer alten Postkarte

und Ernten beschäftigt. Für die Ziegen holten die Frauen Gras an den Wegrändern und auf Waldlichtungen und die Kinder pflückten Beeren, suchten Pilze und sammelten Kiefernzapfen als Heizmaterial für den Winter. Getrocknete Zapfen brannten wie Kohle. Wir alle hatten Körbe, die mit Gurten befestigt waren, um trockenes Holz für den Winter als Brennstoff nach Hause zu tragen. Das erste, was wir in der Schule beigebracht bekamen, war, giftige und essbare Beeren und Pilze zu erkennen und auf giftige Schlangen Acht zu geben, die auf dem Rücken Kreuze trugen. Es gab harmlose, aber manchmal starb jemand an einem Kreuzotternbiss. Wir entdeckten auf unseren Streifzügen, die ein bis drei Stunden dauerten, Eichhörnchen, Hasen und Rehe. Dazwischen rasteten wir auf einem moosigen Platz und pflückten einen Strauß Wiesenblumen. Unsere Sommer waren wunderbar. Am 26. Juli war unser Kirchenfest und jeder zog sein Sonntagsgewand an. Auf dem Kirchplatz gab es Karussells, Schaukeln und zahlreiche Hausierer, die kleine Schmuckstücke, Süßigkeiten, Kuchen und sauer Eingelegtes verkauften, was wir Kinder am liebsten mochten. Unsere Eltern besaßen zwei Felder und fünf Wiesen und wir begannen schon früh mitzuhelfen.
Zweimal im Sommer wurde das Gras gemäht und musste zwei Tage an der Sonne trocknen. Dabei wendeten wir es zweimal am Tag mit einem Rechen, wobei wir die Reihen auf und ab gingen. Eine Wiese lag neben einem Teich und wir nutzten die Pausen, um im kalten Wasser zu waten und nach Flusskrebsen zu suchen. Im Juli und August gab es neue Kartoffeln frisch vom Feld, und während die Magd sie ausgrub, sammelten wir sie in unsere Körbe. Wenn das zweite Heu, Weizen, Roggen und Gerste geerntet waren, waren wir Kuhhirten. Wir durften trockene Stecken sammeln und machten kleine Feuer, um Kartoffeln zu rösten, die wir von den Feldern auflasen und im Bach wuschen. Sie schmeckten herrlich. Da wir im Sommer barfuß oder in Holzschuhen gingen, trafen wir uns nach dem Abendessen am Bach. Jeder trug ein Handtuch und Seife. Nachdem wir einen kleinen Damm gebaut hatten, wateten wir hinein, um unsere Füße zu schrubben. Dann liefen wir heim in offenen Sandalen.[34]

Die Schule

Ich erinnere mich deutlich an meinen ersten Schultag. Ich bekam einen neuen Schulranzen, eine Schiefertafel, einen hölzernen Behälter für Stifte und Griffel und natürlich ein neues Kleid. Meine Mutter packte mir ein Pausenbrot für die Pause um 10 Uhr ein. Es war ein Brot mit Gänsefett, das ich besonders gern mochte. Ich war sehr aufgeregt, als mich Papa an die Hand nahm und mich zur Schule führte, die gegenüber von unserem Haus lag.
In dem einzigen Klassenzimmer wurden zugleich 80 bis 100 Kinder zwischen 6 und 14 Jahren in vier Gruppen unterrichtet. Auch die Kinder aus vier Nachbardörfern besuchten unsere Schule. Die Schulanfänger saßen in der ersten Reihe, die älteren Schüler hatten ihre Plätze weiter hinten. *Während der Lehrer eine Gruppe unterrichtete, arbeiteten die anderen an Aufgaben oder lasen. Es herrschte strikte Disziplin. Ich weiß nicht, wie Herr Domeier*[35] *uns in Schach hielt. Vielleicht, indem er Kinder einfach mochte.*
Schule war von 8–12 Uhr und von 1–3 Uhr mit einer kurzen Pause um 10 Uhr. Die meisten – auch wir – gingen zum Mittag-

Abb. 15: Die Jahrgänge 1908 bis 1911 der Schwanenbrückler Schule mit Lehrer Domeier; links neben dem Lehrer Rose (mit schwarzer Schleife am Kleid), rechts von ihm Louise Getreuer[36]

Abb. 16: Walter, Louise, Else und Rose Getreuer im Garten ihres Elternhauses

essen heim, die Kinder aus anderen Dörfern brachten etwas von zuhause zum Essen mit und aßen im Klassenzimmer. Im Winter durften sie sich auf dem Holzofen, der den Raum heizte, ein warmes Getränk zubereiten. Gegen 12.30 versammelten wir uns vor der Schule zum Laufen, Singen oder Spielen. Unser Lehrer stand auf der Türschwelle mit seiner Pfeife und beobachtete uns lächelnd. Um 1 Uhr pfiff er, und wir eilten hinein, bereit still zu sitzen und aufmerksam zu sein. Der Donnerstag war schulfrei, und samstags endete der Unterricht zu Mittag. Am Ende eines Schultages nahmen wir unsere Schultaschen und gingen hinaus. In der Dorfmitte war ein Sägewerk mit aufgereihtem, ungeschnittenem Holz. Das war im Sommer unser Sammelplatz. Im Winter gingen wir zu einer Wiese, die halb überflutet war vom Bach und da nur wenige von uns Schlittschuhe besaßen, rutschten wir auf Schuhen herum. Wir hatten so viel Spaß.
Wir bewarfen einander mit Schneebällen, kämpften mit den Dorfjungen und bauten Schneemänner. Ein großes Vergnügen war es, mit Schlitten die Hügel hinunterzufahren und auf dem gefrorenen Teich herumzutollen. Einmal im Frühwinter, als das Eis noch nicht dick genug war, geschah es, dass eins von uns Kindern einbrach. Glücklicherweise war der Teich nicht tief und niemand ertrank. Wir schlichen uns heimlich ins Haus, um uns umzuziehen, bevor unsere Eltern unser Missgeschick entdeckten,

denn es war uns gerade an diesem Tag verboten worden, aufs Eis zu gehen. Einmal wöchentlich kam ein katholischer Priester aus der nächstgelegenen Kirche, um jede Gruppe eine Stunde lang in Religion zu unterrichten. Damals fanden meine Schwester Rosl und ich heraus, dass wir anders waren als die andern Kinder: Wir waren jüdisch, während alle anderen katholisch waren. Uns war erlaubt, dem Religionsunterricht beizuwohnen, wenn er über das Alte Testament lehrte, nicht aber, wenn das Neue dran war. *Wenn er seine Schäflein auf Beichte oder Kommunion vorbereitete, schickte er uns heim.* Manchmal wussten wir Fragen zu beantworten, die andere Kinder nicht konnten. Dann bekamen wir ein kleines Heiligenbild. Natürlich waren unsere Eltern darüber nicht erbaut. Herr Pfarrer, wie er genannt wurde, war ein freundlicher alter Herr. Er war ein Freund unserer Familie. Nach dem Unterricht stattete er immer unserem Geschäft einen Besuch ab und *nahm eine kleine Mahlzeit ein: Eine Semmel mit Käse oder Salami und Limonade,* ein Glas Wein oder eine Tasse Ersatzkaffee, *und im Winter machten wir ihm einen Tee. Gewöhnlich war er umringt von unseren Kunden. Als wir älter waren, kam einmal im Monat am Sonntag ein Rabbi von unserer Kultusgemeinde, um uns das Lesen in einem Gebetbuch zu lehren, aber ich habe das nie gekonnt. Wir waren wütend darüber, dass wir unseren Sonntag opfern sollten und rannten oft weg, bevor der alte Mann* nach eineinhalbstündigem Fußmarsch eintraf. Im Winter, wenn das Dorf vom Rest der Welt für zwei oder drei Wochen abgeschnitten war, konnte auch der Rabbi nicht zu uns gelangen. Mein liebstes Fach waren die wöchentlichen zwei Unterrichtsstunden bei dem „Strickfräulein", während die Buben Turnen hatten. Da Fräulein Straka oft bei uns abends zu Gast war, lehrte sie uns Stricken und Häkeln, bevor wir in der Schule so weit waren. Alle trugen handgestrickte Strümpfe und Socken und so war es für jedes Mädel wichtig das Stricken zu beherrschen.

Die Schuhe stellte der Dorfschuster her. Das Leder dafür kaufte er in unserem Geschäft. Die meisten Dorfkinder trugen Holzschuhe nach holländischer Art, aber im Sommer kamen viele Kinder barfuß zur Schule.

Erst Österreicher, dann Tschechen

Bis zu meinem 7. Lebensjahr waren wir österreichische Staatsbürger. Ein großes Bild des Kaisers Franz Joseph hing in unserem Klassenzimmer und wir sangen „Gott segne den Kaiser“. Es brachte uns Kinder sehr aus der Fassung, als nach dem 28. Oktober 1918 sein Bild ersetzt wurde durch das des Präsidenten Thomas G. Masaryk und wir die tschechische Nationalhymne lernen mussten: „Das Land der Tschechen ist meine Heimat – *země česká, domov můj*“.
Der Regierungswechsel hatte sonst wenig Auswirkung auf unser Leben, die Schulen im Dorf unterrichteten weiter auf Deutsch. Im Nachbardorf wurde ein tschechischer Lehrer für eine Handvoll Kinder von Gendarmen und einigen Regierungsbeamten eingesetzt. Man versprach armen Kindern freie Bücher und Schulessen, wenn sie dorthin gingen.

Familie, Haus und Geschäft

Unser Vater war der einzige im Dorf, der in eine tschechische Schule gegangen war, und wenn jemand ein behördliches Schreiben erhielt, kam er zu ihm, um es übersetzen zu lassen. Er half auch beim Ausfüllen von Formularen – alles ohne Bezahlung. Er galt im Dorf als besonders gescheit und hilfsbereit.
Als er während des Ersten Weltkriegs im Hospital lag, um seine Beinwunde auszukurieren, hatte er einen Erste-Hilfe-Kurs gemacht, was sich als hilfreich erwies in einem Dorf, wo der nächste Arzt 8 Kilometer entfernt wohnte, das nächste Krankenhaus 50 Kilometer weit weg war und nur Pferdewagen für den Krankentransport vorhanden waren. In unserem Geschäft verkauften wir alle freien Medikamente und Hausmittel. Großmama war der Dorfdoktor und besuchte die Kranken. Wir Kinder trugen oft Hühnersuppe zu einem armen Invaliden. Die Leute sammelten und trockneten verschiedene Heilkräuter, und unser Lindenbaum lieferte seine Blüten für einen Tee gegen Fieber.
Wir hatten einen großen Garten, den unser Großpapa mit Hilfe unserer alten Magd Resie pflegte. Sie war ein Bettlerkind[37], das

unsere Großeltern als junges Mädchen aufgenommen hatten, und sie zog uns auf wie ihre eigenen Kinder, die sie nie hatte. Sie war Analphabetin, aber als ich mit ihr nach dem Zweiten Weltkrieg in Verbindung kam, diktierte sie Briefe an „Meine lieben Kinder in USA".

In unserem Geschäft gab es große Fässer mit Sauerkraut, sauren Gurken, eingelegtem Gemüse, Salzheringen, Gläser mit eingelegten Tomaten, Säcke mit Zwiebeln und Knoblauch, Zuckerhüte, kleine Schubladen, gefüllt mit Kaffeebohnen, Teeblättern, Kräutern, Gewürzen, Rosinen, Trockenpflaumen, Kandiszucker und geschroteter Gerste für Gerstenschleim; einige Gläser mit harten Bonbons waren die größte Attraktion für die Kinder; große Behälter mit weißem und dunklem Mehl, Salz, Gerste und Grieß, kleine Fässer mit Wein, Rum und Schnaps; Bier wurde jedoch ausschließlich in den beiden Dorfwirtschaften verkauft.

Ein Hauptartikel war frische Hefe, unverzichtbare Zutat für das Backen der großartigen Zwetschgenkuchen, Liwanzen und natürlich

Abb. 17:
Walter Getreuer (oben) mit Cousin Leo Anspach und Cousinen Trude Anspach und Alice Epstein in Schwanenbrückl um 1935

Abb. 18: Walter (mit seinem Fotoapparat), seine Schwestern Else, Rose und Louise Getreuer und sein Cousin Otto Lustig um 1930 in Schwanenbrückl

Abb. 19: Winterfreuden im Böhmerwald; (v.l.) Leo Anspach, Walter Getreuer, Hans Rind (unbekannt)

Abb. 20: Die vier Kinder der Familie Getreuer (v.l.) Else, Louise, Walter und Rose, Weihnachten 1935

Brot und Semmeln. Das Brot wurde in großen Öfen außerhalb der Häuser gebacken, die großen dunklen Laibe hielten sich wochenlang frisch.
Es gab Berge von Textilien in allen Farben und Mustern für Frauen, Männerkleidung, Leinenstoff, weiße und farbige Baumwolle, Strickwolle und Garn zum Stricken und Häkeln; Eisenwaren von Nägeln bis Eisenstangen, Schlüssel, Werkzeuge und Leder zum Zuschneiden für den Dorfschuhmacher.
Gemüse, Kartoffeln usw. bauten die Dorfleute selbst an, ebenso Äpfel, Birnen, Pflaumen und Kirschen. Der Metzger sorgte für Fleisch, das nur selten auf den Tisch kam. Die Leute zogen Hühner und Gänse auf; diese lieferten Eier und Geflügelfleisch. Einige Wohlhabendere hielten eine Kuh oder eine Ziege.
Großpapa zog Rosen jeder Art und gab ihnen Stangen mit großen farbigen Kugeln, jede in einer andern Farbe. Er zog alle Arten von Gemüse, Erdbeeren und sogar Wein, aber die Trauben wurden nie reif, da im rauen Böhmerwald der Frost oft schon im September einsetzte. Wir hatten eine Menge Apfel-, Birnen- und Pflaumenbäume, mochten aber am liebsten Kirschen, die wir von der Gartenmauer aus pflückten, die ungefähr 1 m hoch war. Wir teilten unsere Beute großzügig mit den armen Kindern, die keine Kirschbäume hatten.
Ein großes Stück des Gartens war Rasen. Dort wurde am Waschtag – jedem dritten Montag im Monat – die Haushaltswäsche gebleicht. Sie lag in der Sonne und wurde alle paar Stunden mit einer Gießkanne besprengt. Wir hatten kein fließendes Wasser und mussten Eimer von unserer Pumpe herbeitragen. Am nächsten Morgen wurde die Wäsche in Rückenkörben zum Bach getragen und dort im fließenden Wasser gespült und dann an Pfählen im Garten getrocknet. Im Winter trocknete die Wäsche auf dem Dachboden, einem großen Raum, wo die Vorräte für unser Geschäft lagerten.
Unser Lieblingsplatz war unser Gartenhaus, wo wir im Sommer unsere Spielsachen hatten. Zusammen mit unserem Cousin Otto[38], der den Sommer bei uns verbrachte, spielten wir „Reisen um die Welt“, nicht ahnend, dass wir einmal alle Europa verlassen müssten, um Hitler zu entkommen.

Krieg und Nachkriegszeit

Ich erinnere mich an einen Tag im Juli 1914 – ich war drei Jahre alt – als die Männer des Dorfes einschließlich unseres Vaters ihren Familien Lebewohl sagten, um in den Krieg zu ziehen, von dem sie hofften, er werde in ein paar Wochen vorbei sein. Er dauerte jedoch vier Jahre. Wir standen alle an der Türschwelle und winkten, als die Männer die Straße hinuntermarschierten. Vier Wochen später wurde meinem Vater das rechte Bein durchschossen, und wir erhielten die Nachricht, er sei in kritischem Zustand in einem Lazarett in Budapest. Unser Onkel [Fritz] Lustig[39] fuhr mit Mama nach Ungarn.

Unter Protest der Ärzte mieteten sie ein ganzes Eisenbahnabteil und brachten Vater heim in ein Krankenhaus in Pilsen, wo Lustigs lebten und den Chefchirurgen gut kannten. Er brauchte ein volles Jahr, bis er wieder hergestellt war, aber zeit seines Lebens hinkte er. Während dieses Jahres besuchte ihn Mama oft und nahm immer eine von uns drei Mädchen mit.

Nach diesem Jahr war er kurze Zeit zu Hause, wurde dann aber wieder in die Armee eingezogen als Schreiber in der Festung Theresienstadt. Das lag weit von uns entfernt, aber nahe an „Hoynice“[40], dem kleinen tschechischen Dorf, in dem seine Mutter und sein jüngerer Bruder wohnten.

1916 bekamen wir drei Schwestern einen kleinen Bruder. Großvater kaufte eine 1000-Kronen-Kriegsanleihe, um Vater einen Urlaubsschein zu ermöglichen, und als er kam, brachte er seine Mutter mit, damit sie seine Familie kennen lernte. Obwohl Großmama Rosalia Getreuer nicht Deutsch sprach und keiner von uns Tschechisch, und es ihr einziger Besuch blieb, liebten wir alle diese einfache bäuerliche Frau, die uns alle beschenkte. Während dieser vier Kriegsjahre war das Leben im Dorf schwer, da alle kräftigen Männer im Heer waren. Unsere Mutter arbeitete den ganzen Tag im Geschäft mit ihren Eltern und wir wurden behütet von jungen Bauernmädchen und unserer alten Magd. Mutters jüngere Schwester, ihre Cousine, die im Geschäft half, ein Ladengehilfe und ein Kutscher lebten bei uns – wie eine Familie.

Als Nahrungsmittel rar wurden, brachte Großvater meine Schwester und mich zu Bauern, wo er Leder von seinem Bruder in Mehl eintauschte, das wir in Rucksäcken heimtrugen. Brot wurde alle zwei Wochen in einem Backofen vor der Tür gebacken und alle halfen und trugen die Brotlaibe aus.
Wir litten keinen Hunger, da Großvater Hühner, Gänse, Tauben, Kaninchen und während des Krieges ein Schwein hatte; neben Gemüse aus unserem großen Garten hatten wir Kartoffeln von den Feldern und viel Obst und zwei Kühe und ein Kalb, aber es war trotzdem eine schwere Zeit.
Nach Kriegsende litten wir an der Spanischen Grippe. Ich musste drei Wochen das Bett hüten und verlor danach alle Haare, die kleine Elsie litt seitdem an Nasenbluten und Tante Kamillas Haar wurde über Nacht weiß. Viele Menschen starben. Etwas später traf noch ein Plage die unterernährten Menschen: die Ruhr. Sie war sehr ansteckend. Das Geschäft blieb offen, aber nach der Bedienung eines Kunden mussten die Hände in eine Schüssel mit Desinfektionsmittel (Karbol) getaucht werden. Viele starben, aber Gott sei Dank steckte sich niemand von uns an.
Schließlich kamen unser Vater und die meisten der Männer zurück – als Bürger der Tschechoslowakei – jetzt unabhängig von Österreich.

Dorfleben

Etwas später[41] gründete Vater die Freiwillige Feuerwehr, die eine große Rolle im Sozialleben des Dorfes spielte, abgesehen vom Feuerlöschen, das meist in Blitzschlag seine Ursache hatte. Die meisten Häuser waren aus Holz, und Feuer verbreitete sich schnell. Sobald wir in der Nacht Donner hörten, kleideten wir uns alle an, gewappnet für den Ernstfall. Der Schlüssel für das Spritzenhaus hing in unserem Geschäft und während Vater hinausrannte, um mit seinem Horn die Feuerbrigade zu alarmieren, eilte jemand, um das Feuerhaus zu öffnen und zog die Maschine heraus, bereitete sie für die Pferde vor, für den Fall, dass es notwendig wurde. Später half ich mit, Wasser aus unserem Bach in den Schlauch zu pumpen.

Wenn eine wichtige oder reiche Person starb, wurde die Feuerwehr gebeten, im Trauerzug mitzumarschieren, wofür sie eingeladen wurde zu Semmeln, Wurst, Käse und Bier soviel die Männer trinken konnten.
In mehreren Orten gab es ein Sommerfest und zwischen Kirchweih und Fastenzeit organisierte jede Dorffeuerwehr einen Wohltätigkeitsball, den alle aus den anderen Dörfern besuchten, die es sich leisten konnten. Unserer pflegte zu Silvester zu sein und wir tanzten bis zum Morgengrauen. Die Kapelle zog spielend durch das Dorf bis zu unserem Laden, wo den Musikanten ein letztes Bier spendiert wurde, bevor man sich zerstreute. Lange vorher und nachher war der Ball das Tagesgespräch. Mit vierzehn Jahren, nachdem sie die Schule beendet hatten, durften die Jugendlichen zum Tanz gehen, und der Ball war normalerweise die erste Gelegenheit zum Ausgehen.
Allzu schnell ging der Sommer vorüber. Im Herbst klöppelten die Frauen und die älteren Kinder Spitzen, die sie in unserem Geschäft in Lebensmittel und Kleidung eintauschten. Es war ein schweres Leben, aber die Klöpplerinnen trafen sich in verschiedenen Häusern und erzählten Geschichten und sangen während der Arbeit.
Wir hatten auch unsere sandgefüllte Rolle mit einem Papiermuster, farbige Nadeln und Spulen mit Leinengarn. Mehrere hundert Familien arbeiteten für uns, stellten Meterware her, aber auch Tischdecken, Vorhänge und Bettüberwürfe. Wir exportierten nach Österreich, Deutschland und Skandinavien, bis Hitler nach 1933 den Handel mit uns verbot.

Abschied von der Kindheit

Als ich elf war und Rose zwölf, schickte man uns in ein Internat in Prag, weil wir im Dorf nichts mehr lernen konnten. Es war hart für uns, uns an das Stadtleben zu gewöhnen. Wir mussten einen strengen Stundenplan einhalten. Um 6.30 mussten wir aufstehen, uns rasch anziehen, zum Frühstück mit Semmeln, Butter und Marmelade pünktlich sein, ein belegtes Brot vom Tablett auf der Kommode ergreifen und schnell in die Schule eilen – ein Weg von zwanzig Minuten. Die Leiterin bestand darauf, dass wir außer Haus Hüte und Handschuhe trugen. Wir machten beide einen exzellenten Schulabschluss – mit Ausnahme von Tschechisch und Lesen in einem hebräischen Gebetbuch. Erst nach vier Monaten sahen wir unser Dorf wieder anlässlich der Weihnachtsferien und als wir zurück mussten, nahmen wir Kiefernzapfen mit, um sie über unseren Betten zu befestigen. Acht lange Jahre kam ich von jetzt an nur zu den Ferien heim und in der Freizeit halfen wir im Geschäft und im Haushalt mit. Mit 16, nachdem ich die Handarbeitsgewerbeschule absolviert hatte, begann ich in unserem Geschäft und im Büro zu arbeiten. Meine Schwester ging in die Lehre bei Mutters Cousin in München. Im nächsten Jahr ging ich mit meiner jüngeren Schwester Elsie nach Prag, und Rose blieb daheim. Sie wurde dafür vorbereitet unser Geschäft fortzuführen, während ich eine Schneiderlehre machte. Im nächsten Jahr weigerte sich Rose, im Dorf zu bleiben, ging für ein Jahr zu einem Onkel in Karlsbad, heiratete dann und lebte in München. Da mein Bruder ein Medizinstudium begann, war es nun an mir, in unser Geschäft einzutreten.

Abb. 21: Im Prager Internat. Obere Reihe vierte von rechts Louise Getreuer; in der mittleren Reihe ganz links ihre Schwester Else

In meiner Freizeit war ich viel alleine. Ich hatte andere Interessen als die Mädchen im Dorf, und da ich eine andere Religion hatte, konnte ich mich nicht frei unter ihnen bewegen. Nur die jungen Lehrerfrauen in den umliegenden Dörfern waren besser ausgebildet. Sie kauften in unserem Laden ein und wir bestellten besondere Waren für sie. Ich versuchte mich anzupassen. Vater kaufte ein Fahrrad und Skier für mich und Walter brachte es mir bei. Eine alte Frau im Dorf verspottete mich, weil ich Hosen trug: „Nun muss sicherlich die Welt untergehen, wenn Mädchen in Hosen herumgehen."
Ich besuchte Tanzveranstaltungen in den Dörfern und Konzerte, die die Lehrer organisiert hatten. Wenn einer von ihnen ein Stück einstudierte, um Geld zusammenzubringen für Weihnachtsgeschenke für die armen Kinder, nahmen Walter und ich teil und ich half danach den Lehrern, Kleidung auszusuchen. Für die Aufführungen nähte ich die Kostüme.
Ich mochte Kinder gern. Wir bestellten Spielsachen speziell für Weihnachten, und da unsere Kinder glaubten, dass St. Nikolaus und das Christkind ihnen die Sachen brachten, erlaubte ich den

Abb. 22: Theaterspiel Ostern 1936; in der Mitte vorne Louise in der Rolle einer alten Frau

Kindern, nach der Schule hereinzukommen, um die Auswahl anzusehen. Einige Mütter baten mich herauszufinden, was sich ihr Kleiner wünschte, und es freute mich, wenn die Kinder mir später erzählten, das Christkind habe ihre Wünsche erraten. Langsam musste ich Großmutters Pflichten übernehmen wie Krankenbesuche, Teilnahme an Hochzeiten und Beerdigungen in weit entfernten Ortschaften, bis die Nazis die Macht übernahmen und ihre Anhänger veranlassten, jüdische Geschäfte zu boykottieren.

Wir exportierten vor allem nach Deutschland und Österreich und unsere Kunden waren Juden. Die Geschäfte gingen nun schlecht, aber unsere Dorfleute hielten zu uns."

II Auf Nachricht warten

Ich weine Tag und Nacht,
ich sitz' in tausend Schmerzen,
und tausend fürcht' ich noch.
Andreas Gryphius (1616–1664)

1. Entwurzelt und zerrissen

Die Flucht

Hitlers Machtergreifung 1933 berührte die Menschen in der benachbarten Tschechoslowakei zunächst nicht. In Schwanenbrückl beobachtete die Familie Getreuer die sofort einsetzenden Boykottmaßnahmen gegen die Juden im Reich, die beängstigenden Nürnberger Gesetze von 1935 und die schrittweise Ausschaltung der Juden aus dem öffentlichen Leben durch sogenannte „Judengesetze" in Sorge um die große Verwandtschaft in München, aber sie selbst fühlte sich in der Tschechoslowakei nicht bedroht. Aus vermeintlich sicherer Entfernung verfolgte man den offensichtlichen Aufstieg Deutschlands. Walter kommentierte die Entwicklung in seinem Tagebuch:

> Unheimlich schnell und sieghaft ist der Aufstieg dieses zweifellos mit politischem Instinkt begabten Mannes und man muss zugestehen, trotz allem, was er an Elend der Menschheit zufügt, in seiner Art leistet er für sein Volk, für sein Deutschland Übermenschliches.[42]

Der sportbegeisterte Walter bewunderte die perfekte Organisation der Olympischen Spiele von 1936, verfolgte sie bis ins Detail, notierte die Ergebnisse in seinem Tagebuch und nannte sie die „besten Spiele aller Zeiten".[43] Mehrmals reiste er nach Deutschland. Aber weder bei einer Tour durchs Riesengebirge noch bei seinen Reisen nach Bayern geschah Besorgniserregendes. Was er „rein äußerlich überall sah war schön und gut"[44] und niemand von den „Hitlerianern" belästigte ihn, schrieb er in sein Tagebuch.[45]

Abb. 23: Letzter Sommer in Schwanenbrückl: Heinrich Getreuer (l.) und Gäste aus dem Verwandtenkreis, August 1938

Im Sommer 1938 ahnte die Schwanenbrückler Familie wohl nicht, wie nah der Untergang ihrer heilen Welt bevorstand.[46] Ein Foto vom August 1938 zeigt noch einmal ein sommerliches Idyll im Garten: Besuch ist gekommen. Auf einer Holzbank liegt ein Buch, vielleicht hat der Fotograf des Schnappschusses eben darin gelesen. Daneben sonnt sich ein Neffe der Familie, Paul Lustig, in einem Liegestuhl. Neben ihm blinzeln sein kleiner Sohn Thomas, seine Frau Irene und Alice („Liesl") Epstein, eine Nichte, in die Kamera. Heinrich Getreuer hat sich dazugesetzt. Es ist wohl heiß, er hat sich seines Jacketts entledigt und sitzt – „bitte recht freundlich" – hemdsärmelig auf der Bank. Im Vordergrund hat es sich der riesige Familienhund Greif bequem gemacht.
Wenige Wochen später ist alles vorbei: Das „Münchner Abkommen" ist unterzeichnet worden, das Sudetenland – zu dem Schwanenbrückl zählt – wird dem Deutschen Reich angeschlossen. „Die Vorzeichen dieser Entwicklung", schreibt Walter Getreuer in sein Tagebuch, „beachteten wir nicht [...] und vertrauten felsenfest auf unsere sog. Freunde."[47]

Hitlers Rede vom 12. September, in der er den Anschluss des Sudetenlandes an Deutschland andeutete, hörte man auch im Haus Getreuer im Radio, ohne sich allzu sehr zu beunruhigen. Walter schreibt in seinem Tagebuch:

> Einstweilen noch aufatmend schalteten wir das Radio ab, da kam von draußen Lärm „Ein Reich, ein Volk, ein Führer" – „Heil unserm Führer" – „Heil Hitler" usw. usw. Schnell rannte ich in den Hof hinaus um genau alles zu hören. Die ganze Jugend zog im Marsch durch Schwanenbrückl, allen voran die Althüttner *(Nachbarort, Anm. der Autorin)* natürlich, die am meisten schrien. Jeden Augenblick wartete ich, dass die Fensterscheiben klirren, aber nichts dergleichen geschah. Allmählich verhallte das Lärmen in der Ferne, Ruhe war wieder auf weiter Flur.[48]

Am nächsten Tag – es war Montag, der 13. September – startete Walter mit seinem Motorrad zu einer lange geplanten Fahrt zu den Verwandten nach Karlsbad. Seine Mutter versuchte vergeblich, den unbekümmerten jungen Mann von der Reise abzuhalten. Kaum unterwegs, ging ihm ein Licht auf über den Ernst der Lage:

> In Plan [Planá] zuerst fielen mir die vielen gruppenweise beisammen stehenden Leute auf, die eifrig diskutierten, dann wehte plötzlich in Petschau [Bečov nad Teplou] die erste rote Hakenkreuzfahne von einem Haus herab. Jetzt wurde ich bereits ein wenig stutzig.
> Onkel Ludwig empfing mich mit großem Erstaunen, wie ich es wagen könne an diesem Tag noch nach Karlsbad zu kommen, alles war in heller Aufregung, Tante Elsa, Trude und Leo bereits nach Prag abgedampft und Onkel war bereit in den nächsten Stunden abzureisen.[49] Gerüchte schwirrten nur so herum, Hitler komme angeblich schon heute, in Eger sei bereits Standrecht usw. usw.
> Trotz aller aufgeregten kommenden und gehenden Besuche, die jeder andere Gräuelmärchen wussten, gelang es mir immer wieder Onkel zu beruhigen, so dass wir schließlich sogar zusammen noch in die Stadt gingen. Da gab mir allerdings so manches, was ich da sah, zu denken. Überall standen heftig gestikulierende Leute beisammen. Ordner mit Hakenkreuzbinden fuhren auf Fahr- und Motorrädern hin und her, den Juden wurde mit höhnischen Blicken nachgelacht und vereinzelt fielen auch bereits Bemerkungen wie „Geht's nach Palästina" und ähnliches.

Über allem schwebte eine unheilgeladene Atmosphäre, es hing etwas in der Luft. Aber abreisen wollte ich deshalb doch noch nicht bis Schweinitzer Slawin erschien und uns mit Tränen in den Augen beschwor wegzufahren, in Fischern seien angeblich schon Juden verprügelt worden und man erwarte stündlich Hitlers Einmarsch. Jetzt war Onkel nicht mehr zu halten, er bestellte sich sofort ein Auto, ich erwischte mein Motorrad und um 5 Uhr Abend fuhr ich im Eiltempo ab gegen Prag [...][50]

Unterwegs nach Prag begegnete Walter tschechischem Militär auf dem Weg zur Verteidigung des Landes vor dem drohenden Einmarsch der Deutschen:

Eine unsagbare Begeisterung erfasste mich, meine Brust schwoll vor Kampfesmut, strahlenden Auges rief ich unseren grünen Jungen immer und immer wieder „Nazdar, Zdar Československu" [sic!] *(übersetzt: Zum Heil, Heil der Tschechoslowakei)* usw. zu, es war [...] eine Nacht, die ich nie vergessen werde, ergreifend wie keine zuvor, rüttelnd an den heiligsten Gefühlen jedes Vaterlandsliebenden, alles, alles für seine Heimat zu opfern.[51]

Am späten Abend traf er in Prag bei seinem Onkel Friedrich Lustig ein, wo er weitere aus dem Sudetenland geflohene Angehörige in heller Aufregung vorfand. Am nächsten Morgen, Mittwoch, fuhr Walter weiter nach Teplitz-Schönau zu seiner Schwester Rose Abeles und ihrer Familie. Dort erfuhr er, dass die Schwanenbrückler an diesem Tag in Panik nach Pilsen geflohen waren. Heinrich hatte am Tag nach der Hitler-Rede eine Geschäftsreise nach Pilsen unternommen. Dort überredete ihn sein Neffe Paul Lustig, sofort seine Familie ins tschechische Landesinnere zu holen, wie es in jenen Tagen unzählige Juden taten.
Was sich in der Zwischenzeit in Schwanenbrückl zugetragen hatte, hielt Louise Getreuer in ihren Lebenserinnerungen fest:

Am 14. September [...] beschloss Vater nach Pilsen zu fliehen. Meine Eltern waren abfahrtbereit im Auto, während mich Dorfbewohner umringten und mir anboten mich zu beschützen, wenn ich bliebe. Der Bürgermeister erbot sich für mich zu bürgen und mehrere boten mir an, in ihrem Haus zu wohnen. Sie mochten mich wirklich und beinahe wäre ich geblieben und später umgekommen – aber Vater zwang mich wegzugehen – für immer.

> Unser Metzger Herr Hogen besaß einen Lastwagen, den beluden wir mit 2 Betten, 2 Sofas, Bettzeug und Kleidung. Vater fuhr mit ihm nach Pilsen, während Mama und ich in unserem Auto fuhren. Als wir in Pilsen ankamen, fanden wir die Stadt kriegsbereit. Unser Cousin Paul Lustig hatte seine Familie zu Irenes Bruder in ein kleines tschechisches Dorf gebracht und bot uns seine Wohnung an. Wir waren in großer Aufregung, denn wir konnten unseren Walter nicht finden.[52]

Walter kam am Donnerstag, dem Tag nach ihrer Flucht, in Pilsen an. Ihm schien der Aufbruch übereilt – „voreiliges Davonrennen"[53] nennt er es, aber er war nun nicht mehr rückgängig zu machen. Heinrich hatte vor der Abreise Haus und Geschäft an einen Geschäftsmann namens Wartha übergeben, der offenbar sein Vertrauen besaß, und wollte sich baldmöglichst um den Verkauf seines Besitzes bemühen. Noch am Donnerstag fuhren Walter und Louise nach Schwanenbrückl zurück, um zu sehen, ob der Besitz verkauft werden könne und um weiteren Hausrat mitzunehmen.

Im Dorf, schreibt Walter,

> war bereits eine helle Panik wegen unseres Abreisens entstanden [...] der Laden war voll gestopft mit Leuten, jeder kaufte ein, soviel er nur konnte, dabei kannte sich niemand aus, wo die Waren waren und welche Preise sie verlangen sollten. Girgl war ganz kaputt, angeblich hätten die Leute am Tag vorher beinahe den Laden gestürmt. Wartha mit seiner Frau und Lehrbuben war auch nicht orientiert, kurz und gut alles atmete auf, als Louise und ich endlich Vormittag wieder erschienen und zum letzten Mal in unserem Leben unser so schönes Geschäft in die Hände nahmen.[54]

Der Abschied von Schwanenbrückl fiel Walter schwer:

> Unvergesslich bleibt mir der letzte Tag in Schwanenbrückl. Überall die traurigen Gesichter der Dorfleute zu sehen, zu hören wie ungern sie uns gehen ließen, hundertfache Beweise der Treue und Liebe unserer Schwanenbrückler, das drückte mir schier die Kehle ab und als dann schließlich Buzerfranz[55] in kindlich unschuldigem Ton noch zu mir sagte: „Is fei schad um eng"[56] da konnte ich nicht anders, ich musste schnell im Garten [sic!] um weinen zu können [...][57]

Die Familie konnte ihr Eigentum nicht mehr ordnungsgemäß verkaufen. Sie fand keinen Notar, und die Banken waren geschlossen. Am Sonntag, dem 18. September, nur eine Woche nach Hitlers Nürnberger Rede, fuhr Heinrich mit seiner Tochter Louise noch einmal nach Schwanenbrückl und übergab die Schlüssel ihres Hauses an Wartha. Die Familie hatte nun keine Heimat mehr.

Vorläufig in Pilsen untergekommen, versuchten sich die Flüchtlinge auf die neue Situation einzustellen. Den mitgebrachten Hausrat und ihre geretteten Möbel lagerten sie bei einer Spedition ein. In der Wohnung der Verwandten hatten außer ihnen Friedas Schwester Martha Epstein mit ihrem Ehemann Ernst und ihrer 13-jährigen Tochter Alice (Liesl) unterschlüpfen können, aber bis zur Rückkehr der Wohnungseigentümer musste eine andere Lösung gefunden werden. Eine eigene Wohnung in Pilsen aufzutreiben war aussichtslos, denn Tausende von Flüchtlingen trugen das gleiche Los. Nicht einmal Hotelzimmer waren zu bekommen.

Einen Eindruck von der verzweifelten Stimmung der sudetendeutschen Juden in den Tagen nach der Flucht gibt uns ein Brief von Frieda an ihre älteste Tochter Rose Abeles, die ebenfalls sofort nach dem Münchner Abkommen mit Mann und Tochter aus Teplitz-Schönau nach Prag geflohen war. Dieser Brief ist der erste erhalten gebliebene Brief von Frieda an eines ihrer Kinder:

> Ihr habt keine Ahnung was sich hier mit J[uden] tut, alle aus unserer Gegend. Mandlers sind noch draußen, die meisten wissen nicht wohin. Papa hat Marie Beck gestern am Bahnhof getroffen, hat sie hörich[58] bitterlich geweint, die haben das Haus verkauft und bekam sie kein Geld von dem Mann [...]
>
> Ich bin [...] froh, dass ich so fort kann[59], mein Fuß spürt es schon, aber meine Nerven sind noch fest, auch Louisl ist tapfer, die leistet übermenschlich viel. Unsere Spitzen sind versperrt [beschlagnahmt] Gott weiß ob wir noch etwas davon wegbringen [...] Papa erzählte was bei uns draußen für Jubel ist, die Leute arbeiten nichts, alles ist schon beflaggt. Bleibt dann auch [unleserliches Wort] jetzt noch dort, es ist gut, dass Ruthchen in die Schule geht, wenigstens hat sie was zu tun. An die Feiertage[60] darf man heuer gar nicht denken, ich glaube uns Juden hilft alles Beten und Jammern nichts mehr, wir sind ein verlassenes Volk. Man kann sich nur wünschen gesund zu bleiben um all das zu ertragen was uns auferlegt worden ist.

Wie oft habe ich in diesen Tagen schon gesagt, wie gut ruht unser Kind[61] wären wir doch bei ihr, wie wohl wäre uns allen. Vielleicht können wir gar nicht mehr auf ihr Grab gehen [...]
Seid mir herzlich geküsst in Liebe von Eurer besorgten Mama[62]

Zukunft gesucht

Noch im September verließ die Familie Pilsen und zog nach Prag. Dort wohnten die Eltern mit Louise zunächst in einem möblierten Zimmer, das Walter für das Wintersemester gemietet hatte. Er selbst war in Pilsen zum Sanitätsdienst einberufen worden. In der kleinen Studentenbude lebten die drei Schwanenbrückler behelfsmäßig, aßen in Cafés oder bereiteten sich einfache Speisen auf einer Kochplatte zu.
Nach zwei Wochen fanden sie in der Fochová 60 eine größere Wohnung. Dies scheint die letzte frei gewählte Unterkunft gewesen zu sein, bevor sie in sogenannte „Judenwohnungen" eingewiesen wurden. Louise schildert in ihren Lebenserinnerungen diese Zeit:

> Ich richtete mit den geretteten Möbeln die Wohnung so gut es ging ein, schrubbte die Böden, wusch die Wäsche im Keller und trug sie drei Stockwerke hoch auf den Dachboden um sie zum Trocknen aufzuhängen. Durch den Ofen führten Wasserleitungen, die beim Kochen heiß wurden, wodurch sich das Zimmer erwärmte. Wir hatten sogar einen Gaskocher um Kaffee oder Tee zu kochen oder Speisen aufzuwärmen.[63]

Die Familie war vorläufig in Sicherheit, aber wie sollte ihre Zukunft aussehen? Für die jüngere Generation stand außer Zweifel, dass der tschechoslowakische Staat auf Dauer kein sicherer Aufenthaltsort für Juden sein würde. Im Herbst schrieb Walter in sein Tagebuch:

> Nachdem was in der letzten Zeit vor sich ging, müssen wir Juden uns endlich darüber klar sein, dass wir einfach nicht warten können, bis in Europa der einzig rettende Krieg für uns ausbricht, sondern uns eine neue Heimat in Übersee suchen müssen.[64]

Alle drei Kinder der Familie Getreuer strebten unmittelbar nach den Ereignissen im Herbst 1938 die Emigration in die Vereinig-

Vom Leichenwäscher zum Zigarettenfabrikanten

Die Zigarettenfabrik Abeles in München

Im Jahre 1921 wurde in München die Zigarettenfabrik **Geschwister Abeles** gegründet. Der Hauptchef der Firma war der Jude **Max Abeles sen.** Die Juden waren kurz vor dem Kriege von der Tschechoslowakei nach Deutschland eingewandert, besaßen keinen Pfennig und verfügten auch über keinerlei besondere Fähigkeiten. **Max Abeles sen.** handelte zuerst mit verschiedenen kleinen Gegenständen und war u. a. auch einmal Inhaber eines Kohlengeschäftes Bevor er nach Deutschland kam, soll er Leichenwäscher gewesen sein.

Schon nach kurzer Zeit kamen die Gebrüder **Abeles** mit dem Staatsanwalt in Konflikt. Sie begingen riesige Steuerhinterziehungen und wurden deswegen zu hohen Geldstrafen verurteilt. Im Jahre 1927 machten die Juden Konkurs, bei dem viele Geschäftsleute riesige Summen verloren. Nach diesem Konkurs wurde eine Kommanditgesellschaft gegründet. Sie bestand aus den Gebrüdern **Abeles** und dem Juden **Ludwig Heymann**, der inzwischen nach Italien ausgewandert ist.

Aber es sollte nicht bei einem Konkurs bleiben. Im Jahre 1932 folgte eine neue Pleite und ein Jahr später wurde die Zigaretten- und Tabakfabrik **Abeles** gegründet, die heute noch besteht. Ihre Inhaber sind die Juden **Eugen, Otto** und **Ernst Abeles.** Im Oktober 1932 wurde auch die Zigaretten- und Tabakfabrik **Alinsky** (Besitzer Jud Cheikowski) erworben. Trotz ihrer Bestrafung konnten die Juden auch weiterhin nicht von ihrem talmudischen Handwerk lassen. Im Jahre 1933 wurden sie wegen Vergehens gegen das Tabaksteuergesetz wieder mit einer hohen Geldstrafe belegt. Nach der Verordnung von 1934 wurde der Betrieb, um in den Genuß der Steuerrückvergütung zu gelangen, verkleinert. Noch bis vor kurzem wurde den Juden die Steuerrückvergütung von monatlich RM. 6000.— gewährt!!

Die Juden **Abeles** verstanden es, ihre Fabrikate dermaßen zu tarnen, daß viele Volksgenossen heute noch nicht erkennen können, daß die Ware von einer Judenfirma hergestellt wird. Wir bitten unsere Stürmerfreunde dafür zu sorgen, daß die ganze Allgemeinheit erfährt, daß es sich bei der Zigarettenfabrik **Abeles** um ein Judenunternehmen handelt, das ein jüdischer Leichenwäscher gegründet hat.

Abb. 24: Hetzartikel gegen die Familie Abeles in München in dem antisemitischen Blatt „Der Stürmer" vom Juni 1938

ten Staaten an. Die beste Aussicht, binnen relativ kurzer Zeit über die deutsche Quote das Einreisevisum zu erlangen, hatten Rose und Josef Abeles mit ihrer Tochter Ruth. Josefs Eltern und Geschwister waren im Juni 1938 in München Opfer einer der üblichen Hetzkampagnen gegen jüdische Persönlichkeiten in der Zeitschrift *Der Stürmer* [65] geworden, woraufhin Sohn Josef mit Frau und Tochter das Reich verließ und in der Tschechoslowakei Zuflucht suchte. Nach dem Münchner Abkommen floh die Familie von ihrem neuen Wohnort Teplitz-Schönau, der an Deutschland fiel, nach Prag.

Ihr Geschäft in Teplitz-Schönau wurde geschlossen, die Wohnung beschlagnahmt. Parteifunktionäre bereicherten sich ungeniert an ihrem Eigentum. Erwin Beneš, ein tschechischer Vertrauter, dem sie die Schlüssel übergeben hatten, berichtete ihnen nach Kriegsende, er habe die Nazis nicht daran hindern können, sich nach Belieben zu nehmen, was ihnen gefallen habe. Besonders der Bücherschrank habe es den NSDAP-Beauftragten angetan. Er selbst sei bedroht worden, als er gegen die Plünderung protestierte, und man habe ihn angeherrscht, jüdisches Eigentum gehe ihn nichts an.[66]

Die Familie Abeles fand in Prag vorübergehend bei einer Tante Unterkunft und wartete dort auf die Genehmigung zur Einwanderung in die USA. Dort lebende Verwandte stellten für sie die erforderliche Bürgschaft.

Auch Walter Getreuer stand im Herbst 1938 vor dem Nichts. Das Sommersemester hatte er mit dem Physikum abgeschlossen und während der Ferien ein Praktikum am Krankenhaus in Schüttenhofen (Sušice) absolviert. Am 7. November – also schon vor der deutschen Okkupation! – wurde er als jüdischer Student vom weiteren Studium an der Deutschen Universität in Prag ausgeschlossen.[67] Ein lapidarer, den Hintergrund verschweigender Eintrag der Medizinischen Fakultät in seinem studentischen Meldebuch zerstörte seine Zukunftspläne als „angehender Herr Doktor"[68] für immer: „Hat auf die Fortsetzung seiner Studien an der hiesigen Fakultät verzichtet. Das Reifezeugnis wurde ausgefolgt."[69]

Walter spürte, dass er an einer entscheidenden Wende seines Lebensweges stand. Im Tagebuch schrieb er, es breche ihm „beinahe das Herz", dass er diesen „im Lauf der Zeit so liebgewonnenen Beruf aufgeben muss".[70] Alles sei in seinem Leben bisher „allzu glatt" gegangen, jetzt aber müsse er erkennen: „Das Lied ist aus."[71] In der Tat litt Walter Getreuer sein ganzes weiteres Leben darunter, dass er sein Ziel, Arzt zu werden, niemals mehr erreichen konnte.[72]

Im Dezember 1938 stellte der 22-Jährige beim amerikanischen Konsulat in Prag den Antrag auf Einwanderung in die USA. Gleichzeitig vollzog seine Schwester Louise diesen Schritt. Sie stellte den Antrag zugleich für ihre Eltern Heinrich und Frieda Getreuer – obwohl diese das für sich nicht wünschten.[73] Frieda und Heinrich akzeptierten schweren Herzens den Entschluss ihrer Kinder zu emigrieren, auch wenn die Familie dadurch zerrissen wurde, aber sie selbst mochten lange nicht an Auswanderung denken.

Die USA waren für das Ehepaar Getreuer aus dem kleinen böhmischen Dorf Schwanenbrückl mit seiner vorindustriellen Struktur ohnehin kein erstrebenswertes Ziel. An einen beruflichen Neuanfang im Ausland konnte der seines Vermögens beraubte Mittfünfziger Heinrich, der gehbehindert war und

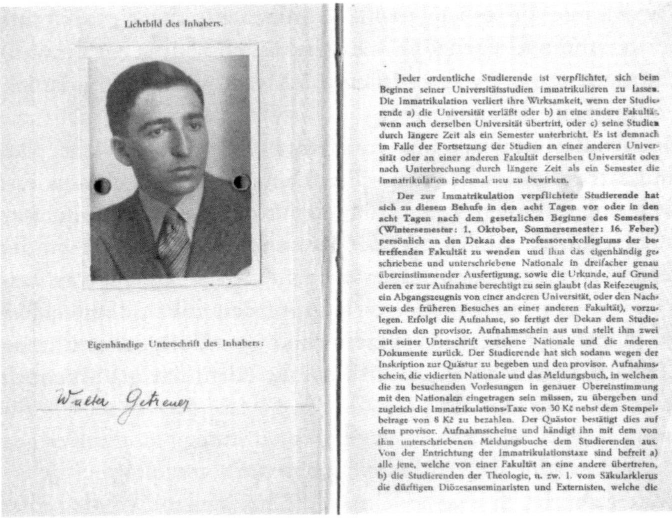

Lichtbild des Inhabers.

Eigenhändige Unterschrift des Inhabers:

Walter Getreuer

Jeder ordentliche Studierende ist verpflichtet, sich beim Beginne seiner Universitätsstudien immatrikulieren zu lassen. Die Immatrikulation verliert ihre Wirksamkeit, wenn der Studierende a) die Universität verläßt oder b) an eine andere Fakultät, wenn auch derselben Universität übertritt, oder c) seine Studien durch längere Zeit als ein Semester unterbricht. Es ist demnach im Falle der Fortsetzung der Studien an einer anderen Universität oder an einer anderen Fakultät derselben Universität oder nach Unterbrechung durch längere Zeit als ein Semester die Immatrikulation jedesmal neu zu bewirken.

Der zur Immatrikulation verpflichtete Studierende hat sich zu diesem Behufe in den acht Tagen vor oder in den acht Tagen nach dem gesetzlichen Beginne des Semesters (Wintersemester: 1. Oktober, Sommersemester: 16. Feber) persönlich an den Dekan des Professorenkollegiums der betreffenden Fakultät zu wenden und ihm das eigenhändig geschriebene und unterschriebene Nationale in dreifacher genau übereinstimmender Ausfertigung, sowie die Urkunde, auf Grund deren er zur Aufnahme berechtigt zu sein glaubt (das Reifezeugnis, ein Abgangszeugnis von einer anderen Universität, oder den Nachweis des früheren Besuches an einer anderen Fakultät), vorzulegen. Erfolgt die Aufnahme, so fertigt der Dekan dem Studierenden den provisor. Aufnahmsschein aus und stellt ihm zwei mit seiner Unterschrift versehene Nationale und die anderen Dokumente zurück. Der Studierende hat sich sodann wegen der Inskription zur Quästur zu begeben und den provisor. Aufnahmsschein, die vidierten Nationale und das Meldungsbuch, in welchem die zu besuchenden Vorlesungen in genauer Übereinstimmung mit den Nationalen eingetragen sein müssen, zu übergeben und zugleich die Immatrikulations-Taxe von 30 Kč nebst dem Stempelbetrage von 8 Kč zu bezahlen. Der Quästor bestätigt dies auf dem provisor. Aufnahmsscheine und händigt ihn mit dem von ihm unterschriebenen Meldungsbuche dem Studierenden aus. Von der Entrichtung der Immatrikulationstaxe sind befreit a) alle jene, welche von einer Fakultät an eine andere übertreten, b) die Studierenden der Theologie, u. zw. 1. vom Säkularklerus die dürftigen Diözesanseminaristen und Externisten, welche die

Abb. 25: Walter Getreuers Meldebuch an der Prager Universität

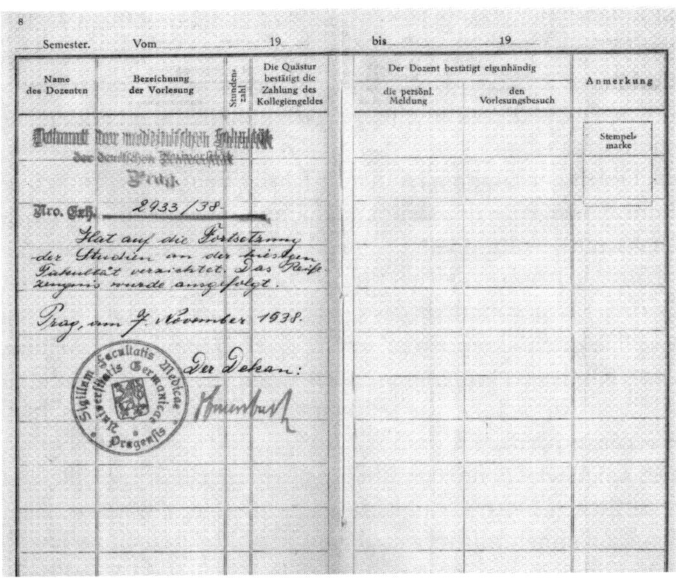

8

Semester. Vom 19 bis 19

Name des Dozenten	Bezeichnung der Vorlesung	Stundenzahl	Die Quästur bestätigt die Zahlung des Kollegiengeldes	Der Dozent bestätigt eigenhändig die persönl. Meldung	den Vorlesungsbesuch	Anmerkung
Dekanat der medizinischen Fakultät der deutschen Universität Prag. Nro. Exh. 2933/38						Stempelmarke
Hat auf die Fortsetzung der Studien an der hiesigen Fakultät verzichtet. Das Reifezeugnis wurde ausgefolgt.						
Prag, am 7. November 1938.						
Sigillum Facultatis Medicae Universitatis Germanicae Pragensis		Der Dekan:				

Abb. 26: „Verzichterklärung" vom 7. November 1938 in Walters Meldebuch

kaum Englisch sprach, nicht denken. Und den Kindern auf der Tasche zu liegen, die selbst noch in ungesicherten Verhältnissen lebten, war den Eltern ein unerträglicher Gedanke. Völlig absurd erschien ihnen die Auswanderung nach Palästina, ein fremdes, unwirtliches Land, das nur für jüngere, gesunde, möglichst zionistisch eingestellte Juden infrage kam. Nachdem sie binnen weniger Tage ihre Heimat, ihr Haus, ihr Geschäft, ihren Grundbesitz, ihr Vermögen und ihren sozialen Status verloren hatten, blieb ihnen nur die Option des Abwartens. Vielleicht rechnete Heinrich damit, wenigstens Teile seines Vermögens retten und im tschechischen Landesinneren eine neue Existenz gründen zu können, denn er besaß Bankkonten in tschechischen Städten.

Die Eltern mögen erleichtert gewesen sein, als sie hörten, es werde drei Jahre dauern, bis sie gemäß der Einwanderungsquote Ende 1941 an die Reihe kämen.[74] Sie glaubten also viel Zeit zu haben und abwarten zu können. Eine unmittelbare Gefahr sahen sie nicht. Die Tschechoslowakei war zunächst noch ein selbstständiger, von Großmächten garantierter Staat, der Juden Schutz bot; und sollten die Deutschen wirklich kommen – der „Anschluss" Österreichs stand als warnendes Beispiel im Raum –, was hätten ältere Leute wie sie schon zu befürchten? Letzten Endes schien ihnen immer noch die Möglichkeit offen zu stehen, zu gegebener Zeit ihren Kindern nachzureisen und mit ihnen in den USA ein neues Leben zu beginnen.

Aus den Monaten nach der Flucht sind einige Familienfotos erhalten geblieben, aufgenommen im spätwinterlichen Prag Anfang 1939.

Die Trennung: *„mit Grauen denken wir an den Abschied"*

Als erste verließ Louise das Land. Eigentlich wollte sie gemeinsam mit den Eltern emigrieren und bis dahin einer Arbeit nachgehen. Sie bemühte sich jedoch vergeblich um eine Arbeitsstelle, denn zahllose Flüchtlinge in der gleichen Situation suchten eine Erwerbsmöglichkeit. „Wir haben nur Arbeit für unsere tschechischen Leute, nicht für Juden. Gehen Sie zum Wohlfahrtsamt",

Abb. 27: Rose und Ruth Abeles mit Großeltern Frieda und Heinrich und vermutlich Mařenka Getreuer vor der Emigration der Familie Abeles 1939

Abb. 28: Eines der letzten Familienbilder: Frieda und Heinrich, Elsa Anspach, Rose Abeles, Ludwig Anspach, vorne Ruth Abeles, Prag 1939, vor dem Nationaltheater

hörte sie beim Arbeitsamt.[75] Als sie beim Wohlfahrtsamt ihre Geschichte erzählte, kämpfte sie mit Tränen.

> In dem Moment kam der Sekretär persönlich vorbei und fragte, warum ich weine. Er sagte, er habe soeben einen Brief von einer Londoner Agentur erhalten, wonach Haushaltsjobs für jüdische Mädchen angeboten würden, die deutsche Mädchen ersetzen sollten, die von Hitler zurückgerufen wurden. Er gab mir eine Adresse in London, mit der ich mich in Verbindung setzen sollte.[76]

Ihre Eltern reagierten entsetzt auf die Nachricht, dass der Abschied von ihrer Tochter unmittelbar bevorstand. Louise schrieb sich nun in einem Englischkurs ein und wurde Mitglied beim YWHA, einem Sozialverein jüdischer Frauen, der sich bemühte, unverheirateten jüdischen Mädchen die Auswanderung zu ermöglichen.
Louise erinnert sich:

> Im Januar 1939 erkundigte sich eine Mrs Fischer über mich, bot mir einen Job als Haushälterin an und versprach ein Inlandsvisum für England zu beschaffen, das nur für allein stehende Mädchen ausgestellt wurde. Mama bestand darauf, extra Kleidung, Schuhe und ein halbes Dutzend Strümpfe zu kaufen, da ich kein Geld aus dem Land herausnehmen durfte. Unsere Bankkonten waren gesperrt und so ging ich zum deutschen Konsulat um zu fragen, was zu tun sei. Ich erlaubte meinem Vater nicht, für mich dorthin zu gehen, da er hätte verhaftet werden können. Mein Risiko war geringer. Der Beamte war ganz höflich, aber er sagte mir, unsere Bankunterlagen seien zu einer Bank in Deutschland gebracht worden mit allen anderen jüdischen Akten aus dem Sudetenland. Glücklicherweise hatten wir die größeren Konten in der tschechischen Stadt Domažlice gehabt und diese nach Prag transferiert, als wir dorthin zogen.
> Jetzt brauchte ich einen neuen Pass. Das war kein Problem, wenn man als Emigrant nach England wollte, aber meine Eltern hätten mich niemals ziehen lassen, wenn nicht sichergestellt gewesen wäre, dass ich zurückkehren könne, wenn sie mich brauchten.
> Nach langer Beratung zweier Beamter entschieden sie, den Stempel „und zurück“ in meinen Pass zu drucken, da ich sowieso nicht zurückkommen würde. Ich versicherte Mama, dass ich innerhalb von 6 Stunden zurückkommen könnte, wenn sie mich brauchte. […]
> Am 1. März kam mein Visum an und Vater ging mit mir zur Bank,

um Geld abzuheben. Ich durfte das Flugticket, 2 Pfund Bargeld und 40 Pfund Gepäck mitführen.
Meine Eltern wollten mich nicht per Zug durch Deutschland reisen lassen, so gingen wir zum Flughafenbüro. Dort sagte man, alle Flüge nach London seien für 3 Wochen ausgebucht [...] Gerade als wir weggehen wollten, kam ein Mann herein, der sein Ticket für Samstag, 4. März zum Verkauf anbot, da er nicht alle Papiere für die Abreise beieinander hatte. Es war Donnerstagnachmittag, und ich zögerte nicht es ihm abzukaufen. Ich bat Tante Elsa, Mama zu sich zu nehmen, damit sie nicht sehen musste, wie ich einen Koffer und eine Schachtel packte – alles, was ich mitnehmen konnte. Am Samstagmorgen kamen Mama und Tante mit mir zum Luftfahrtbüro. Ich zwang mich ruhig zu bleiben, aber Mama bekam einen hysterischen Anfall, als ich schluchzend in den Bus stieg, der mich zum Flugzeug brachte. Ich fühlte, ich würde sie niemals wiedersehen. Papa, Rose, Walter und Paul Getreuer kamen per Taxi zum Flughafen um mich starten zu sehen. Irgendwie schaffte ich es, die Tränen zurückzuhalten, und sah, dass es meinem geliebten Vater ebenso erging, während ich durch den Ausgang schritt. Als ich im Flugzeug saß, ließ ich meinen Tränen freien Lauf.[77]

Wenige Tage später, am 15. März, marschierten die deutschen Truppen ein und nahmen den tschechischen Staat in ihre Gewalt. Louise wusste, dass sie nun keine Möglichkeit mehr hatte, im Notfall nach Prag zurückzukehren um ihren Eltern beizustehen. Vor ihr lagen schwere Jahre. Sie schlug sich als Dienstmädchen bei einer jüdischen Familie durch – „always tired and freezing“[78]. Mit schwerer körperlicher Arbeit wie Heizen und Schneeschaufeln belastet, schlecht bezahlt, einsam, krank vor Heimweh und voller Sorge um ihre in Hitlers Machtbereich zurückgebliebenen Eltern und Verwandten verbrachte sie zweieinhalb Jahre in Rottingham und in London. Ihr Bruder Walter versuchte sie einmal in einem Brief zu trösten:

Ich glaube Dir recht gerne, daß es Dir in Deinem kleinen englischen Ort nicht gefällt, aber bei diesen Zeiten mußt Du froh sein ein sicheres Platzerl zu haben, mach halt manchmal die Augen zu, wenn es fest stürmt und denk Dir, Du bist noch in unserem Böhmerwald, vielleicht gefällt es Dir dann gleich wieder besser.[79]

Mit Kriegsausbruch litt Louise zusätzlich unter den erschwerten Kommunikationsmöglichkeiten mit den Eltern und Geschwistern und fürchtete seit Beginn der Bombardierung Englands den Sieg Hitlerdeutschlands. Ihre vielen Sorgen spiegeln sich in einem Brief an Rose von Mitte 1940:

> Bitte lb. Rosl, übergebe diesen Brief, wenn Du kannst den lb. Eltern, damit sie nicht um mich besorgt sind. Es ist entsetzlich, was für Zeiten wir erleben müssen. Ich habe grosse Angst vor dem Ende des Krieges, hoffentlich bleibt Ihr davon verschont. Habt Ihr von Walter schon Nachricht bekommen? Ich habe nun auf 5 Briefe von ihm keine Antwort und weiss nicht, ob er sie erhalten hat. Gut, dass er so weit vom Krieg entfernt ist … Ich habe schreckliche Angst, dass wir vielleicht die Posten aufgeben müssen. Hoffentlich kommt es für uns nicht dazu … Glaubst Du nicht, dass es gut wäre, wenn ich den Gestapobrief[80] bekäme, dass bei meiner Abreise nichts gegen mich vorlag? Man kann ja nicht voraussehen, was die Zukunft bringt? Gebe Gott, dass es bald zum entscheidenden Siege für die Allies käme, damit man endlich wieder zur Ruhe käme. Die lb. Eltern werden ja hoffentlich nicht zu viel vom Kriege erfahren.[81]

Erst im Oktober 1942 erhielt Louise die Erlaubnis zur Einreise in die USA zu ihrer Schwester Rose.
Anfang August 1939 verließen Rose, Josef und Ruth Abeles Prag und reisten von Hamburg aus mit dem Schiff „Manhattan“ in die Emigration in die USA. Bevor sie den Atlantik überquerte, traf Familie Abeles in Southampton für ein paar Stunden mit Louise zusammen. Rose bat ihre Schwester, alles zu versuchen, Walter nach England zu bringen „before it is too late for him to get out“[82]. Bei diesem Treffen übergab ihr Louise Schmuckstücke, die sie von zu Hause mitgebracht hatte.
Die Stimmung der in Prag Zurückgebliebenen nach dem Abschied schildert Vater Heinrich im ersten Brief an die Familie Abeles:

> Obwohl ich eigentlich keinen richtigen Grund zum Schreiben habe, will ich doch nicht versäumen, Euch den versprochenen Brief zu senden, kann ich mir doch denken, dass Ihr Euch freuen werdet, vor Euerer Ozean-Überquerung noch etwas aus der alten Heimat zu hören.
>
> Wie uns nach dem Abschied von Euch gewesen ist, könnt Ihr Euch denken, und es war gut, dass wir vom Bahnhof nicht heimgingen,

sondern vielmehr im Riegerpark Kaffeetrinken, wo wir bis 7 h beim Konzert mit Anspachs und Epsteins, allerdings nur den Frauen und Kindern geblieben sind, dann zu Hause nachtmahlten. Kamilla blieb über Nacht hier, damit wir nicht gleich so allein da waren, da Walter zu Anspach baden ging.

Geschlafen haben wir nicht viel, waren doch unsere Gedanken bei Euch. Hoffentlich habt Ihr in Hamburg ordentliche Unterkunft gefunden und könnt Euch dort heute ordentlich ausruhen. Ruthchen wird wohl von Dresden an geschlafen haben, das Kind war ja so aufgeregt und guter Laune, dass es uns allen über das Schwere hinüberhalf. Nach ihr wird uns am meisten bange sein, man meint, sie herumspringen sehen und hören zu müssen, wie wenn ein Werk stillgelegt wird, so sieht es heute bei uns aus, und es wird lang dauern, bis wir uns daran gewöhnen werden.[83]

Der Start der Familie Abeles in den Staaten war mühsam. Josef arbeitete in White Plains als Gärtner, Chauffeur, Hausmeister und Diener bei einer wohlhabenden Familie, Rose als Haushälterin und Köchin. Zu ihrem Glück konnten sie gemeinsam mit ihrer siebenjährigen Tochter Ruth wohnen. Das Mädchen musste innerhalb von eineinhalb Jahren zum dritten Mal mit der Schule neu beginnen. In Teplitz und in Prag hatte das Kind aus München tschechische Schulen besucht, nun musste es dem Unterricht in Englisch folgen.[84] Es dauerte lange, bis sich Vater Heinrichs Wunsch erfüllte, „dass es Euch gelingen möge, recht bald festen Fuß zu fassen“[85].

Vom Studium ausgeschlossen und an der Ausübung einer beruflichen Tätigkeit gehindert, war sich auch Walter Getreuer darüber im Klaren, dass er „unbedingt trachten muß[te], sobald als möglich wegzukommen“[86]. Er wurde wie andere Juden im erwerbsfähigen Alter zeitweise zur Zwangsarbeit beordert und beim Straßenbau eingesetzt. Er befürchtete, dass sich die Schikanen des Regimes zunächst besonders gegen jüngere, arbeitsfähige Juden richten würden. Diese Auffassung teilte seine Schwester Rose und prüfte alle Optionen, um Walters Auswanderung zu erreichen. Sicher spielte bei ihrer Einschätzung der Gefahr eine Rolle, dass ihr Onkel Friedrich bis Ende 1938 und ihre Cousins Hans und Ludwig Getreuer ab Oktober 1939 im Konzentrationslager Sachsenhausen bei Oranienburg inhaftiert waren. Um die Zeit sinnvoll zu nützen, erwarb Walter während der Wartezeit Fertigkeiten, die ihm beim Aufbau seiner Zukunft im Ausland nützlich sein konnten: Er vertiefte seine Englischkenntnisse, gab selbst Englischunterricht für ausreisebereite Juden, absolvierte einen Automechanikerkurs und lernte sogar Mundharmonika spielen.[87]

Wegen der langen Wartefristen für das Einreisevisum in die USA fasste er als alternatives Auswanderungsziel Palästina ins Auge. Er meldete sich bei Hechaluz, einer zionistischen Organisation, die junge Juden für ein Leben in Palästina als Handwerker oder Bauer ausbildete. Als Student hatte er dem Zionismus skeptisch gegenübergestanden und den Kontakt zu zionistischen Jugendvereinen wegen der dortigen strengen Reglementierung abgebrochen.[88]

Durch seine Arbeit bei Hechaluz fand er nun Zugang zum „zionistischen Weltbild“[89] und lernte Ivrit. Zum Kummer der Mutter leistete er im Spätherbst schwere Arbeit bei der Rübenernte. „Ich wollte ihn ja nicht fortlassen, weil die Witterung doch nicht mehr schön ist und die Rübenarbeit ziemlich schwer ist, aber er wollte Arbeit haben und ließ sich nicht halten“[90], klagte Frieda.

Seine Bereitschaft zur Auswanderung nach Palästina wurde von der Familie nicht begrüßt: „Uns ist es ja nicht recht, aber er ist schon alt genug und man kann ihm nicht dreinreden“[91], schrieb Frieda, „Walter hat uns halt enttäuscht“[92], klagte Vater Heinrich. Er befürchtete, jetzt werde es noch schwerer werden, dass „wir oder Ihr wieder zusammenkommen, wenn jedes Kind woanders ist“[93]. Louise hatte größeres Verständnis für den Palästinaplan des Bruders: „Ich habe jetzt 32 Pfund erspart, da kann ich ihm schon helfen, bis er sich mit Gottes Hilfe selbst ernähren kann.“[94]

Allmählich fanden sich die Eltern mit Walters Vorhaben ab. Sie trösteten sich damit, dass er in Palästina viele Verwandte und Bekannte antreffen werde und später in die USA weiterreisen könne, so dass vielleicht eines Tages doch die Familie wieder vereint sei.[95] Doch bevor es soweit war, erhielt Walter in der letzten Januarwoche 1940 von Rose ein Telegramm, in dem sie ihn auf die Chance aufmerksam machte, von Genua aus auf dem Seeweg nach Shanghai zu flüchten. China verlangte weder Bürgschaft noch Visum und führte keine Passkontrolle durch. Alle anderen Staaten hatten praktisch ihre Grenzen für Juden geschlossen. Obwohl Shanghai als gefährliche, gesetzlose Stadt voller Verbrecher galt und Schwester Louise entsetzt schrieb, das sei ja „abenteuerlich, was sie da vorhaben"[96], setzten Walter und seine Cousins Leo Anspach und Otto Lustig das Vorhaben in die Tat um.

Am 25. Februar verließ er Prag mit dem Zug. „Beim Abschied waren wir alle sehr tapfer, nachdem es ja doch das Beste noch war. Es waren fast alle Verwandten auf der Bahn"[97], berichtete er seinen Schwestern. Nach einem Zwischenaufenthalt in München, wo er noch Verwandte seines Schwagers Josef Abeles besuchte, gelangte er über den Brenner nach Mailand und schließlich nach Genua.[98]

Von Mailand aus schrieb Walter seinen ersten Brief aus der Freiheit an Schwester Rose:

> Ich weiß nicht, bin ich so ein Glückskind, oder hat mich der liebe Gott besonders gern, dass ich gerade noch als einer der letzten hinauswischte. Ich fühle mich ja hier so glücklich, dass ich es gar nicht sagen kann. Aber Ihr kennt ja selbst das Gefühl, das man hat, wenn man die deutsche Grenze hinter sich hat und wieder ein freier Mensch ist.[99]

Das italienische Schiff „Conte Verde" der Gesellschaft Lloyd Triestino verließ am 8. März 1940 Genua und brachte Walter zusammen mit anderen Flüchtlingen in vierwöchiger Fahrt nach Shanghai. Alle seine Habseligkeiten hatten in einem großen Schiffskoffer, einem Handkoffer und einem Rucksack Platz.[100] Mit dem nächsten Schiff folgten ihm seine Cousins Leo Anspach und Otto Lustig, die durch eine kurzfristige Ausreisesperre aufgehalten worden waren.

Walter und seine Cousins wohnten in Shanghai zusammen und schlugen sich in der mit Emigranten überfüllten Stadt mühsam durch. Walter hielt sich mit Gelegenheitsarbeiten über Wasser. Zeitweise analysierte er Stuhlproben in einem Krankenhaus und bekam dafür freie Verpflegung. Er soll auch Leichen in den

Abb. 29: Walter Getreuer, Leo Anspach und Otto Lustig 1940 in Shanghai

Straßen von Shanghai eingesammelt haben.[101] Im Frühjahr 1941 erhielt er die Erlaubnis zur Einreise in die USA. Die Cousins, die keine engen Verwandten dort hatten, mussten länger in Shanghai ausharren.

Frieda und Heinrich Getreuer hatten sich binnen eines knappen Jahres von ihren drei Kindern trennen müssen und standen selbst vor einer gänzlich ungewissen Zukunft. In der für ihn typischen Mischung aus Kummer, Hoffnung und Gottvertrauen resümiert Heinrich: „Es ist arg für uns, jedes Kind woanders zu haben, aber wir hoffen immer noch auf ein Wiedersehen, wenn es Gott so will, sonst lässt sich nichts tun."[102]

2. Leben auf Abruf

Post erhalten: *„der einzige Freudenstrahl in dieser schweren Zeit"*[103]

In Prag blieb eine kleine Gruppe von Verwandten und Freunden zurück, überwiegend ältere Leute und Kinder: Außer Frieda und Heinrich auch Friedas Schwester Elsa Anspach mit ihrem Ehemann Ludwig und Tochter Trude, die jüngste Schwester Martha Epstein mit Ehemann Ernst und Tochter Alice (Liesl), der verwitwete Schwager Friedrich Lustig und dessen Söhne Alfred und Paul mit Frau Irene und Sohn Thomas; von Heinrichs Seite Bruder Ludwig mit Ehefrau Frieda, Bruder Friedrich mit Ehefrau Else und Sohn Jiří und die verwitwete Schwägerin Mařenka. „Tante Kamilla" [Kraus], eine ledige Cousine Friedas, die als Verkäuferin im Schwanenbrückler Geschäft mitgearbeitet hatte, gehörte auch zu diesem Kreis; sie starb 1940 an Magenkrebs. Ferner zählten zu der Gruppe einige weitläufigere Verwandte und eine Reihe von Freunden und Bekannten, von denen in den Briefen der Familie häufig „die beiden Fräulein Kuh", die „Löwys" und eine Familie Buxbaum genannt werden.

Abb. 30: Letztes Bild der Familie Anspach vor der Emigration des Sohnes Leo nach Shanghai

Diese Menschen rückten in der Folgezeit eng zusammen und blieben beieinander, bis einer nach dem anderen durch den Deportationsbefehl aus dem Kreis herausgerissen wurde und zum Entsetzen der Zurückbleibenden spurlos verschwand.
Mit dem Weggang der meisten Mitglieder der jüngeren Generation begann für die Zurückgebliebenen eine Zeit des Wartens: Sie warteten auf Nachricht von der glücklichen Ankunft der ausgewanderten Angehörigen, warteten auf gute Nachrichten über ihr Befinden und ihr Einleben in der Fremde, warteten auf die Möglichkeit zu ihren Kindern auswandern zu können, und sie warteten auf das Kriegsende und den Untergang des Naziregimes. In dieser zermürbenden Zeit des Wartens, der Ausgrenzung und der zunehmenden Diskriminierung war der Briefkontakt mit den Angehörigen im Ausland der einzige Lichtblick und, nachdem Juden von allen öffentlichen Informationsquellen ausgeschlossen worden waren, die einzige Verbindung mit der freien Welt. Nach dem Weggang ihrer Kinder schrieben Frieda und Heinrich Getreuer mindestens einmal wöchentlich an sie und warteten voller Ungeduld auf Antwort.
Seit auch die restliche Tschechoslowakei als „Protektorat Böhmen und Mähren" zum Gebiet des „Großdeutschen Reiches" gehörte, galten die deutschen Gesetze einschließlich derjenigen für den Post- und Fernmeldeverkehr auch hier. Bis Kriegsbeginn funktionierte der Briefverkehr mit England und den USA noch einigermaßen zuverlässig. Allerdings brauchte die Post meist vier Wochen. Manchmal waren die Briefe auch doppelt so lange unterwegs; oft kamen nach wochenlanger Pause mehrere Schreiben auf einmal, viele gingen auch verloren. Durch diese Unregelmäßigkeit entstanden Unruhe und Sorge über das Wohlergehen der Angehörigen, bis endlich wieder ein ersehnter Brief eintraf und für kurze Zeit Beruhigung brachte. Blieb Frieda längere Zeit ohne Nachricht, litt sie unter Schlaflosigkeit und Magenbeschwerden.[104]
Mit Kriegsausbruch wurde der Postverkehr mit dem „feindlichen Ausland" untersagt.[105] Louise in England wusste sofort, was das bedeutete: „No more mail from home. I am home- and stateless."[106] Sie und ihre Eltern in Prag konnten von nun an keine

Briefe mehr wechseln. Mit dem „nichtfeindlichen Ausland“ blieb Postverkehr möglich, aber es durften „keine Nachrichten über die militärische, wirtschaftliche oder politische Lage übermittelt werden, die geeignet sind, das Wohl des Reichs [...] zu gefährden“, und auch dieser Postverkehr war „auf das äußerste einzuschränken“.[107] Dadurch wurde auch der Kontakt zwischen Rose Abeles in New York und den Eltern in Prag behindert, blieb aber bis zum Kriegseintritt der USA erlaubt. Louise schickte nun ihre Briefe für die Eltern an ihre Schwester Rose in New York, die sie nach Prag weiterleitete. Den umgekehrten Weg gingen die Schreiben der Prager Angehörigen.

Als nach dem Kriegseintritt der USA auch dieser Weg versperrt war, wickelte die Familie den Briefwechsel über die neutrale Schweiz ab. In Genf, im Hotel Regina, hatte Friedas Cousine Maria Klopfer aus München mit ihren gebrechlichen Eltern vorübergehend Asyl gefunden, bis ihre Weiterreise in die USA möglich sein würde. Marias Ehemann und eine Tochter waren noch rechtzeitig in die USA gelangt, ihre beiden jüngeren Kinder lebten in Palästina in einem Kibbuz.

Maria Klopfer, in der Familie Mariele genannt, übernahm nun die Aufgabe, die Post von Rose Abeles in New York und von Louise Getreuer in London zu empfangen und an die Warten-

Abb. 31: Maria Klopfer um 1960 in den USA

den in Prag weiterzuleiten. Auf dem gleichen Weg gelangten die Briefe der Eltern zu den Kindern. Auch der Briefwechsel mit Walter und seinen Cousins in Shanghai wurde über die Schweiz abgewickelt.

Um bei der deutschen Zensurbehörde keinen Verdacht zu erregen, formulierten und adressierten Frieda und Heinrich ihre Briefe so, dass bei oberflächlicher Kontrolle die wirklichen Empfänger im „feindlichen Ausland" nicht erkennbar waren. „Grüße dein Louisl, liebe Maria", heißt es zum Beispiel in Briefen, die für Louise bestimmt waren. Manche Briefe waren auch direkt an Maria gerichtet und nicht zur Weiterleitung bestimmt.

Maria musste ihrerseits auf der Hut sein, beim Weiterschicken der Briefe der Töchter Getreuer keinen Fehler zu begehen, der die Eltern in Schwierigkeiten hätte bringen können. Sie schrieb die Briefe handschriftlich oder mit der Schreibmaschine ab und strich durch die Zensur verbotene Briefstellen wie zum Beispiel Ortsnamen. Wenn sie unter großem Zeitdruck stand, gab sie jeweils nur den Inhalt der jeweiligen Briefe sinngemäß weiter. Jedem Schreiben fügte sie einige persönliche Zeilen bei.

Um die Sorgen der Kinder nicht zu vergrößern, gab Maria den Inhalt der Prager Briefe in abgemilderter Form wieder, insbesondere in den letzten Monaten vor der Deportation beschönigte sie die Berichte aus Prag. So schrieb sie beispielsweise im bitterkalten Januar 1942, als Frieda und Heinrich in ihren Briefen Kälte, Hunger und Zukunftsangst andeuteten, an Familie Abeles, sie habe von den Eltern einen „recht zufrieden klingenden Brief" bekommen. „Frieda scheint wirklich gesundheitlich wieder auf der Höhe zu sein, sie wurschtelt tüchtig herum und allen schmeckt, was sie kocht. Es scheint wirklich, dass sie alles haben was sie brauchen."[108]

Meistens bearbeitete sie die Post sofort, wusste sie doch, wie dringend alle auf Nachricht warteten. Sie nummerierte jeden Brief und versah ihn mit dem Datum des Empfangs und der Weiterleitung. Oft arbeitete sie nachts, wenn ihre Eltern schon schliefen. Im Laufe der drei Jahre zwischen 1939 und 1942 müssen Hunderte von Briefen durch Marias Hände gegangen sein. Zu den organisatorischen Problemen des Postverkehrs kam hinzu, dass die Zensurbestimmungen verboten, in den Briefen offen zu fragen und klar zu antworten. Die Post wurde von den „zur Prüfung des Nachrichtenverkehrs eingesetzten Dienststellen“[109] geöffnet und gelesen. Auf den Umschlägen befindet sich ein runder Stempel mit der Aufschrift „Geöffnet – Oberkommando der Wehrmacht“. Ein oder zwei kleine rechteckige Stempel im Brieftext mit einer drei- oder vierstelligen Ziffer kennzeichnen jeweils zwei Prüfer. Den ersten Brief mit einem Zensurstempel (Ziffer 558) schrieb Walter am 11. Februar 1940, also unmittelbar vor seiner Abreise nach Shanghai, an Familie Rose und Josef Abeles in den USA.[110]

Ab Mai 1940 wurden wohl strengere formale Vorschriften für Briefe aus dem Protektorat eingeführt: Auf dem Umschlag und auf dem Briefbogen der Briefe aus Prag stehen von jetzt an die genauen Anschriften der Absender und der Empfänger. Offenbar waren Anzahl und Umfang der Briefe pro Person begrenzt, denn in jedem Brief war die Nummer des Briefes sowie die Seitenanzahl angegeben.

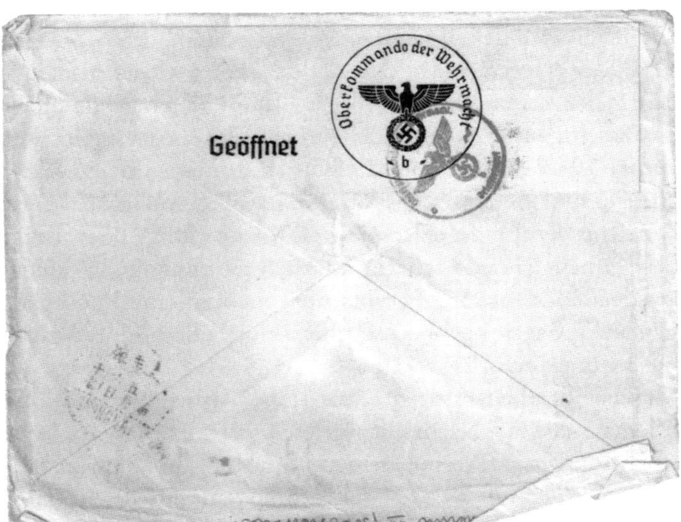

Abb. 32: Umschlag eines zensierten Briefes aus Prag von Elsa Anspach an ihren Sohn Leo in Shanghai

Die Post kam für Juden nicht mehr ins Haus. Man hatte sie an einem bestimmten Wochentag zu festgesetzter Uhrzeit an einem vorgeschriebenen Postamt abzugeben und abzuholen. Dabei musste sich der Einlieferer ausweisen und das Porto bar bezahlen. Das Frankieren war Aufgabe der Postbeamten. Für diese Prozedur gibt es nur die Erklärung, dass die deutschen Behörden vermutlich heimliche Botschaften unter der Briefmarke verhindern wollten.[111]

Für die gehbehinderten Getreuers war der Gang zu dem zuständigen Postamt gewiss eine Strapaze. Ihre Briefe umfassen fast immer einen zweiseitig beschriebenen Briefbogen, meist handschriftlich mit blauer Tinte, bis Mitte 1941 manchmal mit der Maschine geschrieben. Wahrscheinlich mussten Juden später ihre Schreibmaschinen abliefern. Bei späteren Briefen fällt auf, dass fast nur noch die lateinische Schrift verwendet wurde, wahrscheinlich war dies eine Vorschrift, um den Zensoren das Lesen zu erleichtern.

Frieda bediente sich vorher meist der alten deutschen Kurrentschrift und gebrauchte sie gelegentlich bis zum Schluss. Auch ihre letzte Karte vor der Deportation ist in dieser Schrift geschrieben. Oft schimmert in Friedas Briefen die Mundart ihrer Heimat durch. Ihre Schreibweise ist schlicht und zu Herzen gehend. Die Anrede lautet entweder „Meine lieben Kinder" oder „Meine Lieben". Heinrich schreibt in sehr akkurater lateinischer Schrift. Meistens beginnt Frieda den Brief und Heinrich „schreibt dran". Seine Briefe beendet er immer mit den Formeln „Euer treuer Heinrich" oder „Euer treuer Vater". Heinrich schreibt sachlicher als seine Frau, nur selten lässt er in sein Inneres blicken. Gelegentlich geht es in seinen Briefen auch um noch abzuwickelnde geschäftliche Angelegenheiten, zuweilen gibt er seinen Kindern Ratschläge für ihr Leben. Einblicke in seine Seele erlauben nur zwei Themen: die Sehnsucht nach seiner geliebten Enkelin Ruth Abeles und die Suche nach Trost in seiner Religion. Im Laufe der Zeit werden Heinrichs Anteile an den Briefen immer kürzer, der Inhalt lapidar und formelhaft. Es ist, als verstumme er nach und nach. Solange Walter noch bei den Eltern weilte, fügte auch er ein paar Zeilen hinzu, manchmal in Stenographie oder in Tschechisch.

In jugendlichem Optimismus beschönigte er die Situation und versuchte seinen Zeilen eine humorvolle Note zu geben. Später, als die Zurückgebliebenen immer enger zusammenrückten, setzten Verwandte, Freunde und Bekannte oft einige Sätze hinzu. Alle an Frieda und Heinrich gesandten Briefe sind – wie sie selbst – spurlos verschwunden, aber ein großer Teil ihrer Antwortbriefe ist erhalten geblieben. Das Fehlen der Gegenstücke der Korrespondenz erschwert zwar den Zugang zu den Zusammenhängen, da aber die Eltern in ihren Antworten meist auf vorherige Schreiben ihrer Briefpartner eingehen, ergibt sich aus den vorhandenen Blättern der Korrespondenz[112] doch ein recht deutliches Bild vom Leben der getrennten Familie zwischen 1939 und 1942.

Auf den ersten Blick wirken die Briefe aus Prag inhaltsarm und monoton. Sie beginnen meist mit der Bestätigung empfangener Schreiben oder mit der Klage, man warte seit langem auf Nachricht. Dann folgen die Frage nach dem Wohlergehen und die Bestätigung, man selbst sei „gottlob wohlauf" und bekomme alles Notwendige. Immer häufiger enthalten die Briefe die Bemerkung, man wäre froh, wenn es so bliebe und nicht schlimmer käme.

Die Zensurvorschriften verboten die wahrheitsgemäße Schilderung der Lebensumstände. Die in sogenannten „Judenhäusern" zusammengedrängten und vom normalen Leben ausgeschlossenen Menschen hatten nicht viel Konkretes zu berichten. Was sie an Einschränkungen hinnehmen, an Entbehrungen ertragen und an Demütigungen erdulden mussten, durften sie nicht schreiben. Sicher wollten sie auch die Kinder im Ausland, die sich mit Mühe eine neue Existenz aufbauten, nicht zusätzlich mit ihren Problemen belasten. So schildern sie ihre Lebensumstände bis zuletzt als zufriedenstellend, die Versorgungslage als akzeptabel, die Wohnsituation als ausreichend, die Gesundheit als nicht besorgniserregend.

Ausführlich wird über die Verwandten und Bekannten berichtet. Fast alle hatten nach und nach in „Judenhäuser" im XII. Prager Bezirk einziehen müssen und besuchten sich häufig, um aneinander Halt und etwas Zerstreuung zu finden. Das Thema

Auswanderung nimmt in der Korrespondenz viel Raum ein, solange Verwandte, Freunde und Bekannte das Land noch verlassen können. Ab Herbst 1941 finden sich in den Briefen versteckte Andeutungen über „Übersiedlungen“, womit die ersten Deportationen gemeint waren.
Die Eltern sind vor allem daran interessiert, etwas über den Start ihrer Kinder in der neuen Welt zu hören: über ihre beruflichen Möglichkeiten, ihre Wohnsituation, über die Gesundheit, über ihre Beziehungen zu den amerikanischen Verwandten und vor allem über die Entwicklung der Enkelin Ruth. An das Kind schreibt Großvater Heinrich gelegentlich in seinem Schulenglisch ein paar ungelenke Sätze. Überglücklich empfangen sie manchmal ein Foto und registrieren besorgt oder erfreut das Aussehen der Angehörigen. Jeder eintreffende Brief ist ein kostbares Geschenk, wird zu einem wahren Lebenselixier. „Es ist jetzt unser einziges Vergnügen, wenn wir von Euch Nachricht bekommen“[113], schreibt Frieda und der Vater fügt fast entschuldigend hinzu: „Man empfängt halt so gerne Briefe, wenn es schon nicht möglich ist, zusammenzukommen.“[114]
Die Verwandten und Bekannten in Prag lesen die Briefe der emigrierten jüngeren Familienangehörigen reihum; das gibt Stoff für Gespräche, Sorgen- und Gedankenaustausch bei den „Plauderstündchen“, wie Frieda die häufigen Zusammenkünfte nennt. Liest man die Briefe im Zusammenhang, achtet auf Nuancen und Andeutungen und entschlüsselt das Ungesagte zwischen den Zeilen, so erhält man trotz der geringen Faktendichte und der Lücken in den Quellen eine Vorstellung vom unvorstellbar angstvollen Leben dieser der Verfolgung ausgelieferten Menschen in den Jahren zwischen Kriegsbeginn und ihrer Deportation.

Die „Judengesetze“

Sofort nach der Machtergreifung der Nationalsozialisten waren im Deutschen Reich Gesetze gegen die Juden erlassen worden. Ab Frühjahr 1939 wurden diese Gesetze durch einfache Verordnungen des von Hitler eingesetzten Reichsprotektors auch im

„Protektorat Böhmen und Mähren“ schrittweise in Kraft gesetzt. Von Juni 1939 an galten auch hier die Nürnberger Gesetze, durch die Juden nach den Vorstellungen der nationalsozialistischen Ideologie definiert und zu minderwertigen Menschen herabgewürdigt wurden. Damit war eine formale Rechtsgrundlage für die nachfolgenden antijüdischen Maßnahmen geschaffen.[115]
Schon im Sommer 1939 griffen die nationalsozialistischen deutschen Machthaber nach dem jüdischen Vermögen. Jüdisches Eigentum wie Fabriken, Geschäfte, Immobilien musste zu einem niedrigen Preis an „Arier“ verkauft werden; der Erlös kam auf Sperrkonten. Auch Wertpapiere, Kunstgegenstände und Edelmetalle waren abzugeben. Danach drängte die Protektoratsregierung Juden aus dem Berufsleben. Wissenschaftler, Ärzte, Künstler, Juristen, Journalisten und Beamte durften ihre Berufe nicht mehr ausüben; Studierende hatten die Hochschulen zu verlassen. Arbeitsfähige Juden mussten sich für Zwangsarbeitseinsätze zur Verfügung halten. Von sozialen Rechten wie Urlaub, Kündigungsschutz, Arbeitszeitregelung, Alters- und Krankenversicherung wurden Juden ausgeschlossen.[116] Durch diese Gesetze ihrer Existenzgrundlage beraubt, sollten die Juden zur Auswanderung gedrängt werden.
Mit Beginn des Krieges zielten die Maßnahmen gegen die Juden darauf, diejenigen, die nicht emigriert waren, in „Judenwohnungen“ oder „Judensiedlungen“ zu konzentrieren und von der Außenwelt abzuschneiden, um sie besser überwachen zu können. Gleichzeitig machte ihnen eine große Anzahl von demütigenden Verordnungen das Leben zur Qual. Die Zahl der Verbote und Gebote, Einschränkungen und Entbehrungen, die auch den Juden im Protektorat zugemutet wurden, ist fast unübersehbar. Jeden Monat kamen neue Verordnungen hinzu. Allein im Oktober 1941 traten dreizehn neue antijüdische Verordnungen der Protektoratsregierung in Kraft.[117] Insgesamt müssen es mehr als fünfhundert Vorschriften gewesen sein, die Juden zu beachten hatten. Seit sie nicht mehr auswandern durften, dienten diese Verordnungen nicht mehr dazu, Juden zum Verlassen des Reiches zu drängen, sondern waren gezielte, systematische Schikane.

Im Archiv des Jüdischen Museums in Prag befindet sich ein anonymes und undatiertes Schriftstück, auf dem jemand in tschechischer Sprache alle sogenannten „Judengesetze" aufzulisten versucht hat: Es sind zehn in winziger Handschrift eng beschriebene Seiten in Schulheftgröße.[118] Alle neuen Verordnungen wurden im Jüdischen Nachrichtenblatt veröffentlicht. Aus der Vielzahl quälender Maßnahmen sind im Folgenden einige exemplarisch herausgegriffen:[119]

Im September 1939 entzieht man ihnen die Rundfunkgeräte und erlässt ein Ausgehverbot nach 20 Uhr. Jeder Kontakt mit Nichtjuden wird bei Strafe verboten. Ab Mitte des Jahres 1940 hatten Juden keinen Zutritt zu Kinos, Theatern, Bibliotheken, Bädern, Restaurants und Parks. In Prag werden bestimmte Straßen – vor allem beliebte Spazierwege an der Moldau – für Juden gesperrt. Im September 1940 verlieren sie den Mieterschutz, d. h. sie dürfen keine freien Wohnungen mehr mieten, sondern nur noch bei jüdischen Familien in Untermiete einziehen. Das Halten von Haustieren ist ihnen nicht mehr erlaubt. Nicht einmal Tauben dürfen sie besitzen, was gesondert erwähnt wird. Offenbar fürchtet das Regime, dass Brieftauben Nachrichten übermitteln könnten.[120]

Juden dürfen Geschäfte, Apotheken, Banken und Behörden nur an bestimmten Wochentagen und nur zwischen 15 und 17 Uhr aufsuchen. Auch die Wahl der Geschäfte ist nicht frei. In der Straßenbahn dürfen Juden nur noch die hintere Hälfte des letzten Wagens benutzen. Ähnliches gilt für die Eisenbahn: niedrigste Klasse, Bummelzug, letzter Wagen. Selbstverständlich dürfen sie kein Auto mehr besitzen, ihre Führerscheine werden eingezogen. Ab Ende 1940 brauchen sie zum Verlassen ihres Wohnbezirks einen „Durchlaßschein" der Gestapo.

Juden werden 1940 vom Fernsprechverkehr ausgeschlossen, sogar die Benutzung öffentlicher Telefone wird ihnen untersagt; Zeitungen dürfen sie nicht mehr kaufen. Lebensmittel und Heizmaterial erhalten Juden in unzureichender Menge; von der Zuteilung von Textilwaren sind sie gänzlich ausgeschlossen. Ab März 1940 wird der Empfang von Lebensmittelsendungen aus dem Ausland eingeschränkt. Die deutsche Protektoratsregierung legt mit absurder Genauigkeit fest: Juden sind ausgeschlossen vom Bezug von Tabakwaren, Käse, Obst, Fisch, Süßwaren, Geflügel, Zwiebeln, Wein, Spirituosen, Rasierseife, sogar von „Zusatzseife für Kleinkinder".[121] Vom Minister für Landwirtschaft kommt die Verfügung: „Juden sind vom Bezug des Knoblauchs ausgeschlossen."[122]

Hausrat, den sie in ihren engen Zwangsbehausungen nicht unterbringen können, dürfen sie offiziell weder lagern noch verkaufen noch verschenken. Ganz besonders hart trifft es die Menschen, dass sie ab 1. September 1941 gezwungen werden, ebenso wie die Juden im Deutschen Reich den Judenstern zu tragen. Im Oktober 1941 schließt man ihre Synagogen.

Abschließend sei noch eine besonders perfide Vorschrift erwähnt: Im bitterkalten Januar 1942 erlässt das Ministerium für Wirtschaft und Arbeit „ein Verbot des Verkaufens von Mützen an Juden/Männer, Jünglinge und Knaben"[123].

Angesichts der unübersehbaren Flut von Verordnungen gegen die Juden lebten die betroffenen Menschen in beständiger Furcht, gegen irgendeine Vorschrift zu verstoßen und bestraft zu werden. Ein solcher Verstoß wäre es auch gewesen, entgegen den Zensurbestimmungen im Postverkehr über die antijüdischen Maßnahmen zu schreiben. Deshalb findet sich in den Briefen der Eingeschlossenen kaum eine Andeutung hierüber. Heinrich und Frieda greifen zu Euphemismen und Umschreibungen, um ja keinen Verdacht zu erregen: Die zwangsweise Einquartierung in „Judenhäuser" heißt „Übersiedlung". Dieser Begriff wird auch später für Deportationen benutzt. Die Bemerkung „Wir ziehen einfach das an, was wir haben, da wir ja doch in keine Unterhaltung mehr gehen"[124] weist auf Mangel an Kleidung und Wäsche und auf Isolation von der Außenwelt hin. Sätze wie „zu essen haben wir noch genug"[125] und die Aussage, es schmecke ihnen so gut, dass nichts übrig bleibe,[126] deuten auf knappe Versorgung mit Lebensmitteln hin. Als sie zu wenig Heizmaterial haben und frieren, schreiben sie: „Du weißt, dass wir es zu Hause auch nicht allzu warm hatten."[127] Solange sie noch kleine Ausflüge machen, nehmen sie sich „das Essen von zu Hause"[128] mit, denn Gaststätten zu besuchen ist ihnen verboten.

Heinrich schreibt oft von den „schweren“ und „ernsten Zeiten“, in denen man lebe und die es mit Gottes Hilfe zu überstehen gelte – konkreter wagt er nicht zu werden.
Die Angehörigen in der freien Welt wussten über die Lebensumstände der Juden in Hitlers Machtbereich recht genau Bescheid und werden die Andeutungen verstanden haben. Fast jeder Emigrant hatte Verwandte zurückgelassen. Es gab überall Clubs und Zirkel von Emigranten, und die Zeitungen berichteten über die Lebensbedingungen der Juden unter deutscher Herrschaft. Familie Abeles in den USA, Louise in England und Walter mit seinen Cousins Leo Anspach und Otto Lustig in Shanghai verfolgten mit wachsender Besorgnis die nationalsozialistische Judenpolitik.
Leo Anspach schrieb im Herbst 1940 von Shanghai aus an die Verwandten in den USA, man wisse, „daß die Judengesetze doch von Tag zu Tag auch im Protektorat ärger werden“[129].

Unter der *„Last eines solchen Lebens“* [130]

Wie lebten die Zurückgelassenen unter dem Joch der „Judengesetze“ und wie ertrugen sie dieses Dasein? Wie bewältigten sie ihren Alltag? Wie verbrachten sie die Zeit? Welche Gedanken bewegten sie, welche Sorgen bedrückten sie und an welche Hoffnungen klammerten sie sich? Eine authentische Schilderung der Situation in Prag Anfang 1940 enthält Walters erster Brief an die Schwestern, nachdem er das Protektorat verlassen hatte:

> Endlich bin ich nun auch so weit, um wieder frei atmen und mich bewegen zu können. […] Trotz des Krieges ist im Protektorat noch alles zu haben. Es sind zwar alle Lebensmittel auf Karten, aber man bekommt von allem genügend. Nur Kaffee und Tee ist überhaupt nicht zu haben. Textilwaren sind ebenfalls auf Karten und zwar bekommen Juden solche überhaupt nicht, so dass man also nur unter der Hand etwas bekommt. Im Protektorat blüht natürlich der Schleichhandel, ärger ist es jedoch im Altreich, wo so etwas viel gefährlicher ist. Auch hapert es dort schon empfindlich an Lebensmitteln aller Art, wie ich in München hörte. Es ist also in Prag noch weitaus besser. Ansonsten geht das Leben immer seinen gewohnten Gang […]

> Gesundheitlich ist alles wohlauf. Die lb. Mama fühlt sich außer ihren Fußschmerzen in der neuen Wohnung sehr wohl und Papa bleibt stets gleich zufrieden und ruhig.[131]

Walters erste Berichte spiegeln vor allem seine große Erleichterung über die gelungene Ausreise wider. Über das weitere Schicksal der Zurückgebliebenen macht er sich zunächst noch keine großen Sorgen. Freilich wäre er froh, wenn auch „die lb. Eltern schon heraus wären", aber er ist sicher, „dass für ältere Leute keinerlei Gefahr besteht".[132] Der Vater habe es „gar nicht so notwendig mit der Auswanderung" und fühle sich in Prag ganz wohl.[133] Von Bombay aus schreibt Walter Mitte März an die Schwestern schon besorgter: Man müsse eben abwarten und hoffen, „dass sie die harte Zeit in Gesundheit überstehen und wir dann alle einmal wieder zusammenkommen"[134].
Dann spricht Walter ein Gerücht an, das unter den Emigranten kursierte:

> Es besteht ja nur die eine Gefahr, dass sämtliche Juden im früheren Polen angesiedelt werden […] Hier las ich in einer engl. Zeitung einen Bericht über die Judenpläne draussen, die auch von einer jüd. Ansiedlung dort sprachen, also wollen wir nur hoffen, dass es nicht so weit kommt.[135]

Den Betroffenen in Prag dürfte, da sie von Informationsquellen abgeschnitten waren, diese Gefahr nicht bewusst gewesen sein. Die Briefe an die Töchter aus dem Jahr 1939, als Walter noch bei den Eltern wohnte, klingen relativ positiv: „Also vor allem teile [ich] Euch mit, dass wir gottlob alle drei wohlauf und guten Mutes sind und braucht Ihr Euch durchaus nicht um uns zu sorgen, wir haben alles, was wir brauchen und können uns auch alles beschaffen", berichtet die Mutter und der Vater bekräftigt: „Um uns braucht [Ihr] Euch keine unnützen Sorgen zu machen, es ist alles in bester Ordnung bei uns."[136]
Das ist gewiss eine euphemistische Darstellung zur Beruhigung der Angehörigen – Sorgen gab es genügend. Etwa ab Mitte 1940 häufen sich die Hinweise auf Not und Angst. Ihr Leben konzentrierte sich immer mehr auf das Überstehen der jetzigen „ernsten Zeiten"[137] in der Hoffnung, eines Tages mit den Kindern wiedervereinigt zu sein.

Frieda und Heinrich Getreuer waren seit ihrer Flucht aus Schwanenbrückl praktisch mittellos. Ihr Geschäft und ihr Haus waren sofort in „arische“ Hände übergegangen;[138] ihre Bankkonten wurden gesperrt. Den Lebensunterhalt bestritten sie von dem geringen Betrag, den Juden für sich und ihre Familienangehörigen abheben durften.[139] Heinrich schien nicht wahrhaben zu wollen, dass er niemals mehr Zugang zu seinem Geld bekommen würde: „Von zu Hause hören wir nichts, über das Geld vom Verkauf kann ich leider noch nicht verfügen.“[140]

Im September 1939 waren die Eltern zusammen mit Walter, der zu diesem Zeitpunkt noch in Prag war, in eine kleine Wohnung in der Londýnská 58 im Südosten der Stadt gezogen, nachdem ihnen als Juden gekündigt worden war. Bei dieser Unterkunft handelte es sich um eine Einzimmerwohnung „ganz ebenerdig“[141] mit Badezimmer, Küche und einem großen Korridor. Den Töchtern berichtete Frieda:

> [...] seit gestern sind wir in der neuen Wohnung und sind wir auch schon größtenteils in Ordnung, wir haben es uns schon gemütlich eingerichtet, natürlich haben wir nicht alles untergebracht, die Couche [sic!] aus der Küche habe ich Tante Mařka geschenkt und Tisch und Sessel aus dem Speisezimmer kauft Tante Kamilla und das andere haben wir alles hereingebracht, der Korridor ist fast wie ein Zimmer. Walter schläft in der Küche [...][142]

Merkwürdig ist, dass die auf Behaglichkeit bedachte Hausfrau in der Erdgeschosswohnung auf Sichtschutz verzichtet: „Vorhänge habe ich keine aufgemacht [...] wir haben Schiebegitter vor den Fenstern im Sommer so Gott will mache ich sie dann schon auf.“[143]

Frieda freut sich über „kalt und warm Wasser und das Bad“[144] und badet dreimal wöchentlich. Eine Dampfheizung sorgt für Wärme, so haben sie es „jetzt zu Beginn des Winters schön warm in der Wohnung“[145]. Für sie, die unter rheumatischen Schmerzen litt, bedeutete Wärme eine besondere Wohltat.

Einige Sachen aus dem Besitz der Familie Abeles, „das Kinderbettl und den Backofen“[146], haben sie zu einem geringen Preis verkauft. Man konnte nicht viel erlösen, weil viele Emigranten ihr Hab und Gut zurücklassen mussten und das Angebot groß

war. Die Wäsche gibt Frieda zunächst außer Haus, doch „hier ist eine moderne elektrische Waschküche und Trockenraum und werde ich nächstens versuchen selbst zu waschen“[147].
Die sogenannte kleine Wäsche wäscht sie jeden Montag selbst. Die Versorgung mit Lebensmitteln bereitet zunächst keine Schwierigkeiten: „Mit dem Einkaufen habe ich es hier auch sehr schön, es sind große Geschäfte in der Nähe und man kann alles in Hülle und Fülle haben.“[148] Das Kochen geht Frieda leicht von der Hand. Sie lobt den „sehr guten Ofen in der Küche für Kohle und Gas“[149], der schnell heiß werde. Allerdings kann sie, die einen großen Haushalt mit zwölf Personen führte, sich lange nicht an „die kleinen Tipfln“[150] gewöhnen, mit denen sie jetzt für sich und ihren Mann kocht.
„Du möchtest staunen“, erzählt sie der Tochter Louise, „wie ich mich ins Kochen dreingefunden habe, besonders die Knödln gelingen mir immer sehr gut.“[151] Kürzlich hätten sie „Schöpsenfleisch mit Majoranerdäpfeln und sogar eine Mehlspeise dazu“[152] gegessen. Sie erwähnt auch „ein feines Brathuhn mit Gemüse“[153] und erzählt: „Gestern habe ich mir eine Stopfgans gekauft und hatte ich heute viel Arbeit damit. Es ist sehr viel Fett geworden, Papa freut sich schon auf die Grieben.“[154] Zu Weihnachten 1940 habe man sogar „Gansbrust mit Kraut und Knödel, Apfelstrudel und Striezel“[155] als Festmahl gehabt.
Doch allmählich verraten versteckte Andeutungen, dass sich die Lebensbedingungen verschlechtern: Die Mutter versichert, sie komme zwar „ganz gut mit dem Zugeteilten aus, spare aber an Fett und Zucker“[156]. Auf frisches Obst müssen sie später gänzlich verzichten: „[…] ich wünschte, du könntest uns manchmal […] ein bisschen Obst senden“[157], schreibt sie. Seit Herbst 1939 bekommen „die Prager“ von Maria Klopfer aus Genf Lebensmittelpäckchen; von Käse und Kakao ist die Rede, später von Sardinen, die wegen ihres Nährwerts besonders geschätzt werden, auch Mandeln und Rosinen werden erwähnt.[158]
Mit Kleidung und Wäsche müssen sie sparsam umgehen und das Vorhandene auftragen. Frieda berichtet den Töchtern:

> […] abends flicke oder stopfe ich meist, wenn auch nur mit der Hand. Damit mir die Abende nicht zu lang werden, habe ich mir

meine acht weißen Hemden zugeschnitten und mache mir Trägerhemden daraus, [...] eins ist schon fertig und passt gut.[159]

Als sich Rose in einem Brief über die amerikanische Mode lustig macht, antwortet Heinrich mit den Worten: „Da haben wir es hier viel einfacher, wir kümmern uns nicht viel um die Mode und ziehen einfach das an, was wir haben."[160] Frieda hat stark abgenommen und muss sich ihre Kleidung ändern lassen, da alles zu lang und zu weit ist. Sie beteuert zwar immer wieder, mit Appetit zu essen, nimmt aber trotzdem weiter ab.

Ihre Schwester Elsa Anspach beklagt wiederholt Friedas Gesundheitszustand: „Ihre Haltung wird fort[während] schlechter, sie ist ja in Behandlung, aber jeder sagt uns, sie schaut schlecht aus und macht es uns Sorge."[161] Ihr Fußleiden verschlimmert sich. Bestrahlungen, Schlammpackungen und Kräuterbäder helfen kaum; das Gehen fällt ihr immer schwerer. In vielen Briefen wird erwähnt, dass sie auch unter hohem Blutdruck, Magenbeschwerden und Schlafstörungen leidet. Überdies machen ihr die Zähne zu schaffen und zwingen sie zu einer langwierigen Zahnbehandlung.[162] Über Heinrichs Gesundheitszustand geben die Briefe keinen Aufschluss.

Der Alltag der beiden verläuft eintönig. Frieda versorgt ihren Haushalt, kocht und putzt. Heinrich hilft seiner Frau,[163] „sucht sich immer ein bissl Beschäftigung [...] nur um nicht ganz müßig zu sein"[164]. Er bastelt, repariert, erledigt Behördengänge, doch er vermisst eine sinnvolle Arbeit. Dem immer beschäftigten Haus- und Geschäftsbesitzer wird die Untätigkeit schwer gefallen sein. „Um die Gartenarbeit, lieber Josef, beneide ich dich, das wäre halt was für mich"[165], klagt er in einem Brief an den Schwiegersohn. Täglich machen die beiden einen Spaziergang, „damit wir ein bissl müde werden und besser schlafen"[166].

Die Abende verbringen die Eheleute zu Hause. Für Juden herrscht nach 20 Uhr Ausgangssperre. Sie kommen sich „wie Einsiedler"[167] vor: „Papa liest meistens oder lernt Englisch"[168], Frieda beschäftigt sich mit Näharbeiten. An den langen Abenden vermisst Frieda ihre Kinder besonders: „Ihr glaubt nicht wie ich manchmal Sehnsucht nach euch allen habe, besonders abends, wenn wir so allein sitzen."[169] Besonders sehnsüchtig denkt

Heinrich an seine Enkelin Ruth, sein „Golderl“. Der Großvater „möchte sie gerne plappern hören, leider müssen wir uns nur mit ihrem Bild, was ich in der Küche angemacht habe, begnügen“.[170] Um 9 Uhr abends gehen die beiden zu Bett.[171]
Anfangs unternehmen sie noch gelegentlich einen kleinen Ausflug oder besuchen ein Kaffeehaus, solange ihnen das erlaubt ist: „Gestern haben Papa, ich und Tante Kamilla einen ganztägigen Ausflug nach Stechowitz gemacht, wo es uns ausgezeichnet gefiel, es war aber auch herrliches Wetter.“[172] Da die „Judengesetze“ ihnen in der Öffentlichkeit immer mehr demütigende Beschränkungen auferlegen, verlassen sie ihre Wohnung später nur noch, wenn es unumgänglich ist.[173]
Etwas Abwechslung in die Eintönigkeit ihres Alltags bringen Besuche: „Tante Kamilla kommt jede Woche und bleibt meistens über Nacht und danach gibt es immer eine Kartenpartie“, und „die beiden Fräulein Kuh kommen jetzt jeden Sonntag“, berichtet Frieda.[174] Oft erzählt sie ihren Kindern von „netten Plauderstündchen“[175] mit Verwandten und Freunden. Zu Nichtjuden, etwa Bekannten aus der alten Heimat, gab es offenbar – wie es das Gesetz befahl – keinerlei Kontakt. Von ihrer Heimat Schwanenbrückl hören sie nichts. Auf den Verkauf ihres Hauses können sie keinen Einfluss nehmen[176] – die „Arisierung“ geschieht über ihren Kopf hinweg. Die Last dieses Lebens wird immer drückender, je mehr vertraute Gesichter ihren Kreis verlassen, während die Hoffnung schwindet, selbst noch auswandern zu dürfen.
Doch es sind nicht nur die Emigranten, die aus ihrem Blickfeld verschwinden: Im Oktober 1939 wurden Heinrichs Neffen Hans und Ludwig (Luda) Getreuer, die Söhne seines verstorbenen Bruders Siegmund und dessen Frau Mařenka, ins Konzentrationslager Sachsenhausen bei Oranienburg gebracht. Der Grund dafür ist bis heute unbekannt. Die Familie erfuhr ihren Aufenthaltsort und deutete in den Briefen vorsichtig an, was sie vom Schicksal der beiden erfuhr. „Die Söhne von Tante Mařka sind bei demselben Bauern in Arbeit, wo Onkel Friedrich im Vorjahre war“[177], schrieb Frieda an ihre Kinder. Mit dieser unverfänglichen Formulierung bezog sie sich auf die Inhaftierung

von Heinrichs Bruder Friedrich in Sachsenhausen im Herbst 1938. Die Menschen, die sich außerhalb des Machtbereichs der Nationalsozialisten befanden, verfügten über mehr Informationen. So erfuhr Walter auf dem Auswandererschiff nach Shanghai, was in den Konzentrationslagern geschah und schrieb an seine Schwester Louise:

> Zu Deiner Anfrage bezüglich Hans und Luda kann ich leider nur Schlechtes berichten. Sie kamen doch im August[178] nach Oranienburg[179] und sitzen bis heute noch. Sie schrieben zwar regelmäßig, daß es ihnen gut geht, aber nach dem, was hier am Schiff deutsche Emigranten im Konzentrationslager erlebten, muß es ihnen furchtbar gehen, sodaß ich fast das Schlimmste für sie befürchte. Die lb. Tante Mařka tut mir furchtbar leid, sie war mit ihren Nerven schon ganz herunter, hofft jedoch zuversichtlich, daß sie herauskommen.[180]

Die Mutter bemühte sich die Entlassung der beiden zu erreichen, denn gelegentlich gab es die Möglichkeit, Häftlinge zu befreien, wenn die nötigen Geldmittel dafür vorhanden waren. Das ungewisse Schicksal der beiden jungen Männer und der Schmerz ihrer Mutter Mařka belastete die ganze Familie schwer. In vielen Briefen wird die „traurige Geschichte“[181] angedeutet, indem die Verhaftung der Brüder als Krankheit dargestellt wird: „Bei Tante Mařka ist leider noch keine Änderung eingetreten“[182], „sie tut einem furchtbar leid und man kann ihr nicht helfen“[183], „ihr geht es leider noch immer nicht besser und es ist ein Jammer für die arme Person“[184]. Schließlich heißt es Anfang 1942: „In unserer Familie ist leider ein Todesfall, von unserer Schwägerin Mařka der ältere Sohn ist nach fast dreijähriger Krankheit gestorben, für ihn war es eine Erlösung, aber die arme Mutter ist untröstlich.“[185] Ludwig war im Konzentrationslager Groß-Rosen zu Tode gekommen.[186] Auch Hans Getreuer kehrte niemals zurück.

Auch die Sorgen um die eigene Zukunft lasteten von Monat zu Monat schwerer auf den Eingeschlossenen. „Jetzt wäre es halt an der Zeit, dass wir endlich ruhig bleiben könnten“[187], schrieb Heinrich schon 1939 bedrückt. „Es geht bis jetzt immer noch gut […] man muss noch zufrieden sein, wenn es nicht schlim-

mer kommt“[188] – sorgenvolle Sätze wie dieser finden sich immer häufiger in den Briefen.
Die Verfolgten suchen nun in ihrer Religion Halt. „Wir waren Neujahr und zum Versöhnungsfest im Tempel und haben sehr gut gefastet“, berichtet der Vater seiner Tochter Louise und fragt, ob auch sie den Gottesdienst besucht habe.[189] Als es schwieriger wird, die religiösen Bräuche einzuhalten, schreibt er bedauernd: „Seder haben wir heuer zum ersten Mal keinen gehabt, da wir doch ganz allein waren, hätte es ja keinen Sinn. Mazzen hatten wir nur für 1 Tag, einen feinen Mazeloksch[190] hatten wir aber doch auch.“[191]
Heinrich Getreuers Briefe vermitteln insgesamt den Eindruck, er habe die auferlegten Lasten als unabänderlich hingenommen und mit Gottvertrauen geduldig auf das Ende dieser „ernsten Zeiten“[192] gehofft und gewartet.

Auf Auswanderung hoffen:
„wollen geduldig abwarten, bis auch an uns die Reihe kommt“ [193]

Die Judenpolitik der Nationalsozialisten hatte zunächst das Ziel, die jüdischen Bürger zur Auswanderung zu nötigen. Durch planmäßige Hetze, Entrechtung, Enteignung, Ausgrenzung und schließlich Gewalt versuchte man ihnen das Leben so schwer zu machen, dass ihnen die Emigration als einziger Ausweg erschien.[194] Die jüngere Generation der Juden fühlte sich unmittelbarer bedroht als die Älteren und wagte den Schritt in eine ungewisse Zukunft daher schneller.
Das Jahr 1939 war auch im Protektorat Böhmen und Mähren das Jahr des großen Exodus – wer konnte, floh in die USA, nach England, nach Palästina oder in ein anderes für sicher gehaltenes Land. Aufgeregt berichtet Frieda im Spätherbst aus ihrem Verwandten- und Freundeskreis:

> Paul und Irma und Buxbaum sind noch hier. Auch Löwy Ernst hofft noch diese Woche fort zu kommen […] Otto will auch nach Palästina. Mandler Friedl hat von unterwegs schon eine Post geschrieben. Mimi war hier und hat uns erzählt, sie soll auch in den nächsten Tagen nach Dänemark abreisen.[195]

In Prag oblag die Prozedur der Auswanderung der „Zentralstelle für jüdische Auswanderung“ unter der Leitung von Adolf Eichmann. Dort hatte man die Ausreisepapiere zu beantragen. Die deutschen Behörden türmten vor den Ausreisewilligen einen Berg von bürokratischen Hindernissen auf:[196] Alle Personalien waren anzugeben, Wertsachen mussten aufgelistet und Schuldenfreiheit nachgewiesen werden, ein polizeiliches Führungszeugnis neuesten Datums war nötig und die Bestätigung der eingezahlten Auswanderungssteuer, ein Nachweis über die Einreiseerlaubnis in ein konkretes Land, die Schiffskarten und das sogenannte Landungsgeld mussten vorgewiesen werden, sonst blieb der Antrag unbearbeitet liegen.
Doch all das war geringfügig im Vergleich zu den Schwierigkeiten, die damit verbunden waren, eine Einreiseerlaubnis in ein sicheres Land zu erhalten. Fast alle Staaten, die als Einreiseziele infrage kamen, schlossen im Laufe der Zeit ihre Tore vor den verfolgten Juden. England hatte wirtschaftliche Probleme und nahm nur in begrenztem Umfang Flüchtlinge auf. Als Mandatsmacht über Palästina beschränkte Großbritannien auch dort die Zuwanderung stark, und die USA, für viele das erstrebenswerteste Einwanderungsland, verhielten sich ausgesprochen restriktiv. Die USA beriefen sich auf ein Einwanderungsgesetz von 1924, das die Einwanderung pro Land auf eine bestimmte Quote festlegte. Für Deutschland einschließlich Österreich und Böhmen umfasste diese ungefähr 29 000 Personen pro Jahr, und auch diese Zahl wurde nicht immer ausgeschöpft. 1939 durften aus Böhmen 1650 Personen einwandern, 1940 nur noch 704.[197] Wer reichlich Geld hatte, war willkommen. Den Juden im deutschen Machtbereich war jedoch ihr Vermögen weggenommen worden, so dass ihnen dieses „Entgegenkommen“ nichts nützte.
Welche Gründe hatte die restriktive Einwanderungspolitik der USA? Die USA litten als Nachwirkung einer Wirtschaftskrise unter großer Arbeitslosigkeit. Es herrschte Furcht vor Überfremdung; auch antisemitische Tendenzen waren verbreitet und richteten sich seit den zwanziger Jahren speziell gegen die „Ostjuden“[198]. Sicherlich wurde auch die Gefahr unterschätzt, in der die Juden Europas schwebten. Niemand konnte sich vorstel-

len, dass Hitler seine Ankündigung, das Judentum in Europa zu vernichten, in die Tat umsetzen würde. Die antijüdischen Maßnahmen im deutschen Machtbereich wurden zwar kritisiert, aber an der engherzigen Einwanderungspolitik änderte sich nichts.
Für die Erteilung von Einreisevisa waren die US-Konsulate zuständig. Wer in die USA emigrieren wollte, erhielt nach Abgabe der umfangreichen Mappe mit Unterlagen beim zuständigen Konsulat eine Nummer, von der auf die voraussichtliche Wartezeit zu schließen war. Als Familie Getreuer im Dezember 1938 den Antrag stellte, erfuhr sie, dass sie erst 1941 an der Reihe sein werde – Grund genug für die Jungen, ein anderes Auswanderungsland zu suchen.
Die Behörden in den USA verlangten eine Bürgschaft, das sogenannte „Affidavit of Support", wodurch sichergestellt werden sollte, dass die Einwanderer dem amerikanischen Staat nicht zur Last fallen würden. Ein amerikanischer Bürge musste garantieren, fünf Jahre für den Immigranten aufzukommen, falls sich dieser nicht selbst ernähren konnte. In der Regel waren es nahe Verwandte, die eine solche Bürgschaft ausstellten, auch wenn es sie oft immense finanzielle Anstrengungen kostete. Diese Bestätigung musste ständig auf dem neuesten Stand sein und durch Einkommensnachweise und Steuerbescheinigungen glaubwürdig gemacht werden. Wer weder Geld noch hilfsbereite Verwandte in den USA besaß, hatte kaum Aussicht auf ein Einreisevisum.
Die Familie Getreuer war in der glücklichen Lage, Verwandte in den USA zu haben, die zunächst für die Familie Abeles bürgten. Frieda und Heinrich bekamen das Affidavit später von ihrer Tochter Rose Abeles, Walter von einer Cousine.
Nachdem den Kindern der Familie die Auswanderung geglückt war, wollten sie die Eltern nachkommen lassen. Rose und Josef Abeles spürten am deutlichsten die drohende Gefahr für die Zurückgebliebenen, drängten zur Eile und unternahmen alles in ihrer Macht Stehende, um die Eltern herauszubringen. Walter dagegen war überzeugt, dass „für ältere Leute keinerlei Gefahr besteht"[199], und Louise meinte, „um die lieben Eltern brauchen wir uns jetzt, wo wir alle draußen sind, doch nicht

[zu] sorgen“[200], denn „mit der Zeit werden sie doch alle ausreisen können“[201].

Auch die Eltern in Prag glaubten in Ruhe abwarten zu können. Fast unwillig schrieb Heinrich der Tochter Rose: „Unser Avidavids [sic!] braucht noch nicht gesandt werden, da es doch nur unnütz hier liegen würde. Man wird ohnedies ein halbes Jahr zuvor verständigt und hat es dann noch reichlich Zeit.“[202]

Trotzdem traf im Januar 1940 die Bürgschaft von Familie Abeles in Prag ein. „Der lb. Papa“, schreibt Louise daraufhin an die Schwester, „will angeblich von einer Auswanderung seinerseits noch immer nichts wissen und versteht eure Eile nicht“.[203]

Die Eile war allerdings berechtigt, denn ab Frühjahr 1940 wurden von den US-Konsulaten kaum noch Visa ausgegeben. Im September 1940 wurde das Prager amerikanische Konsulat nach Wien verlegt. Damit hatten die Juden im Protektorat keine Möglichkeit mehr, beim zuständigen Konsulat persönlich vorzusprechen. Heinrich erwähnt diese Erschwernis in mehreren seiner Briefe.[204]

Im gleichen Monat traf eine neue, aktualisierte Bürgschaft der Familie Abeles für die Eltern ein. Heinrichs Dankbrief spiegelt die Gemütslage der Eingeschlossenen wider, als sie erkennen, dass es in absehbarer Zeit kein Entrinnen für sie gibt:

> Wir waren sehr gerührt zu sehen wie ihr euern letzten Cent bereit seid für uns zu opfern, nicht genug an dem, hat auch unser goldiges Ruthchen ihre Dollarchen dazu hergegeben. Gott möge euch Eure kindliche Liebe reichlich vergelten. Es ist wohl momentan nicht daran zu denken, dass von hier aus eine Ausreisemöglichkeit besteht, es werden vom Konsulat überhaupt keine Visas [sic!] mehr ausgegeben, aber Ihr habt wirklich alles getan, was Euch nur zugemutet werden kann und dafür verdient Ihr unseren heißen Dank. Wir sind schon zufrieden und Gott dankbar, wenn er Euch alle wieder zusammenkommen lässt und wollen geduldig abwarten, bis auch an uns die Reihe kommt. Ihr braucht Euch wegen uns keinen unnötigen Sorgen hingeben, es geht uns auch hier gut, wir bekommen alles, was wir brauchen und wenn wir gesund bleiben, dann ist ja alles in Ordnung.[205]

Den Jahreswechsel 1940/41 begingen Frieda und Heinrich noch „bei einer Flasche guten Liqueur“ und „dachten dabei

viel an Euch alle und tranken auf Euer aller Wohl".[206] Zu diesem Zeitpunkt muss ihnen bewusst geworden sein, dass kaum noch Hoffnung auf Auswanderung bestand. Resigniert schrieb Heinrich am Jahresende 1940 an seine Kinder: „Die Ausreisemöglichkeiten sind ziemlich klein geworden und muss man viel Geduld haben, bis man in die Lage versetzt ist, auszureisen."[207]
Auch Friedas Schwestern Elsa Anspach und Martha Epstein mit ihren Familien bemühten sich um Auswanderung in die USA. Da sie im Gegensatz zu Frieda und Heinrich keine Verwandten ersten Grades dort hatten und über keine Geldmittel mehr verfügten, standen ihre Chancen schlecht. Elsa schrieb: „Ich sehe uns noch nicht in New York. Man verlangt von uns 3000 Dollar und für die Kinder je 1000 Dollar."[208] Auf Hilfe entfernter Verwandter in den Staaten konnten sie nicht rechnen.
Viele amerikanische Bürger waren überfordert, als immer mehr Bedrängte um Hilfe, insbesondere um die Bürgschaft baten. Dieses Problem wird auch in den Briefen angesprochen. Maria Klopfer klagte in ihren Briefen darüber, dass ein Teil der amerikanischen Verwandten nichts mehr für die Bedrängten tun wollte.[209] Frieda zeigte dafür Verständnis: „Das [sic!] die Amerikaner nun für uns nichts mehr tun wollen, kann ich mir leicht denken, es wird ihnen halt auch schon zuviel noch dazu wo sie jetzt so große Bürgschaft stellen müssen."[210] Ein Brief von Julia Samter, Friedas Cousine in Pennsylvania, vom Frühjahr 1941 beleuchtet das Dilemma der amerikanischen Verwandten. Julia, die immer hilfsbereit gewesen war, ist angesichts der Menge der Bittsteller am Ende ihrer Kräfte:

> Yesterday I got a letter from Ludwig Kraus from Belgium begging for money, the letter was so pityful, I could not sleep. My nerves cannot stand much more. I will send him some, but I am no millionairess and I cannot keep it up [...] I would like to do more for all those poor souls, but it's just impossible and it makes me nervous not to.[211]

Dann bittet sie Rose, die Empfängerin des Briefes:

> When you write to your parents, please tell them [...] not to give my address. I am doing all I can, but there must be a limit and I am constantly thinking and saving for those who will still have to be assisted, besides the demands that are made on me.[212]

Elsa und Martha sorgten sich vor allem um die Zukunft ihrer halbwüchsigen Töchter, die 1922 geborene Gertruda (Trudi) Anspach und Alice (Liesl) Epstein, geboren 1925. Die Mädchen und ihr Cousin Jiří waren zu jung gewesen, um mit den anderen in die Emigration zu gehen.
Familie Abeles stellte schließlich – obwohl es ihr finanziell nicht gut ging – auch für die jungen Cousinen Affidavits aus, aber Einreisevisa für die USA waren 1940 so gut wie nicht mehr zu bekommen. „Ich kann Dir nicht genug danken, dass Du Dich so um die Auswanderung der l[ieben] Trudi und Lieserl annimmst, leider ist nichts zu machen“[213], schrieb Else Anfang 1940 an Rose Abeles. Auch nach Palästina führe zurzeit kein Weg, und Kindertransporte nach Dänemark seien eingestellt worden. Alles sei „umsonst jetzt“, aber es heiße, im Oktober sollten wieder Visa für die USA ausgestellt werden.[214] Trudis Vater Ludwig Anspach hat bis dahin schon resigniert. Ihn bedrücke schwer, schreibt er im Oktober, „dass wir das Kind doch nicht rechtzeitig nach USA bringen konnten“[215].
Für die jungen Mädchen war die Zeit des Wartens besonders schlimm: Ausgeschlossen von Schul- und Berufsausbildung übten sie die verschiedensten Tätigkeiten aus, um sich zu beschäftigen und für ihr Leben im Ausland etwas Brauchbares zu lernen: Liesl lernte Schneidern und verdiente sich mit dem Nähen von Kinderkleidchen auf Friedas Nähmaschine etwas Geld, buk Karlsbader Oblaten – „weißt du, wie Karlsbader“[216] –, „cäks [sic!] und Pumpernickel“[217] und besuchte den jüdischen Turnverein Makkabi. Trudi absolvierte Kurse für Krankenpflege, Pediküre und Massage; beide lernten Englisch. Die Mädchen erhellten den grauen Alltag der Erwachsenen: Heinrich schrieb über Trudi, sie sei „ein liebes Ding und so voll Humor, dass man sie gern haben muss“[218]. Sie halfen den Älteren bei der Hausarbeit und bei Besorgungen – und als der Tag der Deportation gekommen war, halfen sie beim Packen …
Im Jahr 1941 verschlechterten sich die Aussichten für die Emigration weiter. Alle Staaten verschlossen ihre Tore vor den bedrängten Juden. Die USA beharrten auf ihrer Quotenregelung und erteilten zeitweise überhaupt keine Einreisevisa. Ein Brief

Heinrichs vermittelt einen Eindruck von den bürokratischen Hürden, die vor den Wartenden aufgetürmt waren:

> Dieser Tage erhielten wir und Anspachs eine Vorladung zur Kultusgemeinde, wo uns mitgeteilt wurde, dass die Kul[tusgemeinde] vom Joint[219] aufgefordert wurde, Schiffskarten, für welche der Betrag hinterlegt wurde, zu beschaffen, was sie versuchen wird. Wir wurden aber im Voraus darauf aufmerksam gemacht, dass vor September-Oktober keine Reisemöglichkeit vorhanden sein dürfte, da die Schiffe auf Monate ausverkauft sind. Vor Erhalt der Schiffskarte ist auch an eine Überprüfung der Papiere beim Konsulat nicht zu denken, also müssen wir erst die feste Buchung der Schiffskarte abwarten, bevor etwas unternommen werden kann. Auch vom Refugee Service Inc. wurden wir verständigt, dass Euer Zusatzaffidavit zum Konsulat nach Wien abgesandt worden ist. Von letzterem haben wir noch keine Verständigung erhalten.[220]

Der Vater blieb scheinbar auch jetzt noch gelassen und schrieb den Kindern, er und die Mutter würden sich gedulden,

> bis auch wir einmal in die Lage versetzt werden, Euch, meine lieben Kinder, nachzureisen. Momentan ist wohl wenig Aussicht auf Ausreise vorhanden, aber einmal muss ja auch dieser schreckliche Krieg ein Ende nehmen und damit auch wieder Aussicht werden für unsere Wiedervereinigung.[221]

Frieda zeigt ihr Leid offener als ihr Mann. Für die Glückwünsche zum Muttertag bedankt sie sie sich mit den Worten:

> […] glaubt mir, es ist heute besser, man wird nicht an solche Tage erinnert, weil einem nur das Herz schwer wird, wenn man alle seine Kinder in so weiter Ferne weiß. Was würde ich manchmal dafür geben, mich mit Euch ein wenig ausplaudern zu können.[222]

Dann richtet sie ihre Gedanken auf das Wohlergehen der Kinder: „Aber ich bin zufrieden, wenn ich nur höre, Ihr seid alle gesund, habt Arbeit und verdient, was Ihr braucht, das ist die Hauptsache."[223]

Als Frieda und Heinrich ihren inneren Widerstand gegen eine Emigration aufgaben, bestand kaum noch eine Aussicht, das Land zu verlassen. Trotzdem hofften sie weiter auf die Wiedervereinigung der Familie in den USA. Im Frühjahr 1941 durfte Walter von Shanghai in die USA einwandern, so dass wenigstens zwei ihrer Kinder in einem Land vereint waren. Jetzt sorgten sie sich um Louise, die noch in England ausharren und die Bombardierung von London erleben musste.

Mit Nachdruck lernten die Eltern Englisch, obwohl kaum noch Hoffnung bestand, diese Sprache anwenden zu können. Frieda berichtet, Heinrich mache Fortschritte, und Enkelin Ruth solle ruhig auf Englisch schreiben, „Papa kann es schon übersetzen“[224]. Sie selbst lerne auch mit, aber, bedauert sie, „in meinen Kopf geht es nicht mehr so schnell hinein [...] Wir lernen nur nach Büchern das wird halt noch nicht die richtige Aussprache sein, aber einen Begriff haben wir ja dann doch“.[225] Großvater Heinrich versucht mit der Enkelin auf Englisch zu korrespondieren:

> With your lang and nice letter dear Ruthchen we was very glad generell to see your nice writing. It is nice you are fond of your uncle Walter and do play with him. I wish you will find good friends in the new school and will also learn still now. Write soon again. Many kisses in love from your grandparents. The Druckpussi I would like have in nature.[226]

Ein weiteres Zeichen für die innere Ablösung von der alten Heimat ist die Beratung mit den Kindern, ob sie den im Ausland schwer auszusprechenden Namen Getreuer ändern sollten. Heinrich stimmt grundsätzlich zu, nur sollten sie alle denselben Namen wählen und er sollte ähnlich klingen wie der alte, z.B. Gartner oder so ähnlich.[227] Immer wieder denken die Eltern darüber nach, wie sie „drüben“ ihren Lebensunterhalt verdienen würden und auf welche Weise sie sich nützlich machen könnten. Heinrich würde Schwager Josef „bei der Gartenarbeit recht gerne helfen, das wäre eine sehr angenehme Zerstreuung für mich“[228]. Und Frieda träumt: „Ich sage immer, wenn ich nur mal so weit wäre, ich ließe mich erst bei Walter im Krankenhaus aufnehmen um mich anständig auszukurieren und dann könnte ich schon noch eine Arbeit annehmen.“[229]

Nach Hitlers Überfall auf die Sowjetunion im Sommer 1941 gab es keine Möglichkeit mehr für Juden, das Land zu verlassen. Im August bittet Heinrich seine Kinder, ihre Bemühungen aufzugeben, „da man von hier aus schwerlich mehr wird fortkommen können“[230]. Nachdem sich ab Mitte 1941 die Kriegslage zuungunsten Deutschlands entwickelt hatte, fasste Hitler den Beschluss zur physischen Vernichtung der Juden. Die Vorbereitungen dazu begannen sofort. Am 31. Oktober 1941 verkündete Heinrich Himmler das absolute Auswanderungsverbot für Juden. Wenige Monate zuvor hatte Frieda im Hinblick auf die Auswanderung geschrieben, sie müssten damit rechnen, dass „wir erst im Frühjahr an die Reihe kommen“[231]. Sie behielt auf makabre Weise Recht: Im Frühjahr 1942 waren sie an der Reihe, in den Tod geschickt zu werden.

3. Die Verlorenen

Schulgasse 30 – die letzte Adresse

> Nun muss ich Euch aber auch etwas schreiben, das euch gewiss nicht angenehm sein wird, wir übersiedeln am Samstag. Wir kommen zu einem jungen Ehepaar in Aftermiete, bekommen wohl ein ziemlich großes Zimmer für uns, aber natürlich bringen wir nicht alle unsere Sachen unter und musste ich Verschiedenes verkaufen, kochen werde ich auf einem Gaskocher, es ist nur gut, dass es jetzt schon warm ist und wir nicht mehr heizen brauchen.[232]

Mit diesen sorgenvollen Sätzen kündigt Frieda Ende Mai 1941 ihren erneuten Umzug an – in ihre letzte Bleibe vor der Deportation. Heinrich fügt der Mitteilung seiner Frau einen beruhigenden Erklärungsversuch an, den er wohl selbst nicht geglaubt haben dürfte:

> Es ist eben Mangel an Wohnungen und mussten auch wir Platz machen, macht Euch diesbezüglich keine Sorgen, wir werden auch da Platz genug haben [...] Wir bekommen ein schönes Zimmer und werden hoffentlich dort bleiben können, bis wir auswandern.[233]

In Wahrheit herrschte kein Wohnungsmangel, denn nachdem viele Juden ausgewandert waren, blieben die anderen in den zu groß gewordenen Wohnungen zurück und wurden gezwungen, andere Juden in Untermiete aufzunehmen oder selbst in kleinere Behausungen umzuziehen.[234]

Die Briefe aus dieser Zeit schildern diese dauernden „Übersiedlungen" im eigenen Verwandtenkreis. So berichtet Frieda den Kindern, Schwager Ludwig Getreuer und seine Frau Frieda hätten nach der Emigration ihrer beiden Söhne

> zwei Zimmer vermietet, wenigstens sind sie in der großen Wohnung nicht allein. Tante Mařka hat alle Zimmer vermietet, wenigstens ist sie in der großen Wohnung nicht allein. Onkel Fritz wohnt jetzt bei seinem Bruder, er kommt öfters zu uns, da es in der Nähe ist. Fredl hat mit Herrn Kulka zusammen ein Zimmer. Auch Paul und Irene werden wahrscheinlich aus der großen Wohnung ausziehen und sich eine kleinere nehmen.[235]

Die Einquartierung in Häuser, in denen nur Juden wohnten, war Bestandteil der nationalsozialistischen „Judenpolitik"[236] und diente dazu, die Juden von der übrigen Bevölkerung zu isolieren, sie besser kontrollieren zu können und die geplanten Deportationen organisatorisch vorzubereiten. Ende Mai 1941 waren Heinrich und Frieda an der Reihe, im Juni die Familie Epstein, im November die Familie Anspach. Die neue Adresse von Heinrich und Frieda Getreuer lautete: Prag XII, Školská 30, Hinterhaus, 3. Stock, bei Ing. Špaček.

Abb. 33: Prag, Schulgasse 30, Hinterhaus. Im 3. Stock dieses „Judenhauses" waren Frieda und Heinrich Getreuer ab Mai 1941 zwangsweise einquartiert

Die Školská oder Schulgasse – Frieda bezeichnet sie als „ganz ruhig und angenehm“[237] – verbindet leicht abschüssig und gebogen die Zitná ulice mit der belebten Vodičkova ulice, die zum Wenzelsplatz führt. Die Straßenfront bilden mehrstöckige Bürgerhäuser aus der Zeit nach dem Ersten Weltkrieg. Im Anwesen Nummer 30 führt ein breiter Durchgang zu einem Innenhof, den mehrere Hinterhäuser umgeben. In einem von ihnen lebten nun Heinrich und Frieda, nachdem sie den beschwerlichen Umzug alleine bewältigt hatten. „Unser Zimmer ist über 20 qm groß und haben wir noch genügend Platz für Tisch und Stühle aufstellen“[238], schreibt Heinrich beschönigend.
In Wahrheit bereitete den beiden die Entscheidung Kopfzerbrechen, was sie von ihrer verbliebenen Habe in das enge Zimmer mitnehmen sollten. „Wir haben unser Schlafzimmer noch behalten, nur die Schäslon [sic!] haben wir verkauft, die Couche [sic!] an deren Stelle genommen. Den alten Schuhkasten von der Großmutter sel. haben wir als Kochtisch stehen, der uns noch gute Dienste für diesen Zweck leistet. Eure Küchenkredenz haben wir auch noch. Einen Kleiderkasten möchten wir noch hergeben“[239], erzählt Heinrich.
In der neuen Unterkunft ließen sich die beiden auf ihre Kosten Gas einführen und kauften einen Gaskocher. Von der Wohnungsinhaberin borgt sich Frieda eine „Gasröhre“, wenn sie etwas backen will – „also geht das Kochen ganz gut“[240]. Man schläft bei offenem Fenster, da es vom Kochen im Zimmer zu warm ist. Auf Roses besorgte Frage, ob die neue Behausung ungezieferfrei sei, antwortete Frieda, bisher habe sie noch nichts gefunden.[241] Ein eigenes Badezimmer haben die beiden nun nicht mehr, aber Frieda weiß sich zu helfen: „Solange Elsa und Martha noch ihre Wohnungen haben, gehe ich zu ihnen baden.“[242] Dort wäscht sie auch ihre Wäsche.
In der Enge der überfüllten Wohnung bleiben Unstimmigkeiten mit der Wohnungsinhaberin nicht aus. Doch auch jetzt arrangieren sich Frieda und Heinrich mit den Gegebenheiten: „Aber du weißt wir vertragen uns mit jedem und muss man halt über vieles hinweggehen und froh sein wenn man sitzt.“[243] Um Lebensmittel zu besorgen, müssen die Gehbehinderten drei

Stockwerke bewältigen. Als ob sie die Sorgen der Kinder darüber erahnt hätte, spielt Frieda das Problem herunter: „Die drei Stiegen steige ich nur ein- zweimal im [sic!] Tag und strengt es mich gar nicht an.“[244] Die Versorgung scheint noch einigermaßen ausreichend zu sein. „[…] was wir zwei zum Leben brauchen in den gewohnt bescheidenen Grenzen, haben wir bis nun gottlob noch immer“[245], versichert Heinrich, und Frieda bekräftigt, ihre „einfachen Mahlzeiten“[246] schmeckten ihnen so gut, dass „nichts übrig bleibt“[247].

Zwischen den Zeilen, die optimistisch klingen sollen, spürt man nun schon die zunehmende Beklemmung: „Wir sind nun schon fast zwei Wochen in der neuen Wohnung und haben uns soweit es möglich ist ganz gemütlich eingerichtet, wenn es auch nicht so bequem wie die alte Wohnung ist, aber es muss auch so gehen.“[248] Deutlicher beschreibt Emil Buxbaum, ein Freund der Familie, die Situation: Die Eltern seien gesund und sähen gut aus, „nur sind sie in der neuen Wohnung, die nur aus einem Zimmer besteht, recht eingeengt“[249].

Auch Elsa Anspach und ihre Familie müssen sich ab November 1941 mit einem „netten Zimmerl mit Rescho“[250] begnügen; das ist allerdings so klein, dass sie zu dritt „kaum Platz zum Herumgehen haben und Trudi wieder nähen geht“[251]. Je seltener

Abb. 34: Judenstern aus der Sammlung von Leo Anspach [252]

die Eingeschlossenen das Haus verließen, umso bedrückender empfanden sie die Wohnsituation.
Ab September 1941 musste der Judenstern getragen werden.[253] In den Briefen findet sich nicht der geringste Hinweis auf diese gravierende Neuerung. Bei Victor Klemperer ist nachzulesen, wie demütigend diese öffentliche Brandmarkung von den Betroffenen empfunden wurde. Er nannte es das „qualvollste, bitterste Gefühl“[254].
Frieda scheint von nun an kaum noch nach draußen gegangen zu sein und Heinrich nur für unumgängliche Besorgungen und an Feiertagen zum Besuch des Tempels. Das jüdische Neujahrsfest im September beging das Ehepaar mit Fasten und Gebet: „Papa war beide Tage im Tempel, ich habe zu Hause gebetet, und wenn uns der liebe Gott unsere Gebete nur teilweise erfüllen würde, wären wir zufrieden.“[255] Während die Verlorenen noch für eine günstige Wendung ihres Schicksals beteten, organisierten die Machthaber schon ihre Ermordung.

Vor der Deportation

Hitler hatte seine Absicht, Europa „judenfrei“ zu machen, schon in *Mein Kampf* ausgesprochen und später unzählige Male wiederholt. Zu welchem Zeitpunkt und auf welche Weise er dies in die Tat umsetzen würde, ließ er offen. Ab Kriegsbeginn verband Hitler das Schicksal der Juden mit dem Kriegsverlauf, indem er behauptete, „das Judentum“ habe Deutschland den Krieg aufgezwungen. Bereits 1940 wurden in den von Deutschland besetzten Gebieten Polens Massaker an Juden verübt, und deutsche Juden wurden schon in den Bezirk Lublin deportiert.[256] Nach den Blitzkriegen der ersten Kriegsphase scheiterte der Angriff auf England. Nachdem auch der im Juni 1941 begonnene Russlandfeldzug nicht erwartungsgemäß verlief, ließ Hitler die Vernichtung der Juden in seinem Herrschaftsbereich Schritt für Schritt in die Tat umsetzen.[257] Nach Friedländer wollte Hitler die Juden als Geiseln benutzen, um den amerikanischen Präsidenten Roosevelt – unter dem Druck des amerikanischen Judentums – zu zwingen, von der

Unterstützung der deutschen Kriegsgegner England und Russland Abstand zu nehmen.[258]
Im Oktober 1941 begannen die Vorbereitungen für die systematische Ermordung der jüdischen Menschen in Vernichtungslagern „im Osten". Für das Protektorat Böhmen und Mähren wurde bereits in diesem Monat, also mehrere Monate vor der Wannseekonferenz vom Januar 1942, in einer geheimen Sitzung beim Stellvertreter des Reichsprotektors für Böhmen und Mähren, Reinhard Heydrich, die „Lösung der Judenfrage" beschlossen.[259] Heydrich soll im Juli von Göring im Auftrag Hitlers die Ermächtigung dafür erhalten haben.[260] Am 17. Oktober wurde festgelegt, die Festung Theresienstadt als Sammellager für die Juden aus dem Protektorat einzurichten. Der erste Transport traf Ende November dort ein.
In logischer Konsequenz dieser Wendung in der nationalsozialistischen Judenpolitik verhängte Heinrich Himmler ab 31. Oktober 1941 das absolute Auswanderungsverbot für Juden. Für sie gab es kein Entrinnen mehr. Sie waren verloren.
Was erfuhren die Betroffenen von diesen Vorgängen? Es scheint ihnen nicht bewusst gewesen zu sein, dass sie in Todesgefahr schwebten. Ob sie von der Verhängung des Auswanderungsverbots Kenntnis hatten, ist eher unwahrscheinlich, denn bis Jahresende ist in den Briefen immer wieder die Rede davon, dass man eben weiter abwarten müsse, bis wieder Visa ausgestellt würden.[261] Die Berichte aus Prag – allein aus dem November 1941 sind neun Briefe erhalten – bewegen sich in den gewohnten Bahnen; zwar ist wachsende Unruhe zu spüren, aber keine Panik.
Im Ausland wusste man über die Zuspitzung der Lage der Juden Bescheid. Über amerikanische Journalisten in Berlin und durch Diplomaten gelangten Nachrichten über die Geschehnisse an die Weltöffentlichkeit. Die Angehörigen der Eingeschlossenen verstärkten daraufhin noch einmal ihre Bemühungen, diese zu retten. In größter Sorge schickten sie Brief um Brief, sogar von einem Telegramm ist in einem Brief Friedas die Rede und von Louises Versuch, über das Rote Kreuz Auskunft über die Eltern zu erhalten.[262] Es gelang sogar noch, ein Einreisevisum für Kuba zu beschaffen. Kuba war eines der letzten Länder, die Juden ein-

reisen ließen. Frieda teilte den Kindern mit: „[...] wir erhielten gestern ein Kabel von Walter, dass unsere und Anspachs Visa nach Berlin abgegangen sind und hoffen nun, dass es doch mit unserer Reise klappen wird.“[263]

Aber ab November trafen nur noch Schreckensbotschaften von den Verwandten aus Europa ein. Anfang November 1941 erhielten Rose und Josef Abeles einen beunruhigenden Brief aus Prag. Emil Buxbaum, ein Freund der Familie, schrieb ihnen: „In den verwandten und bekannten Familien sind in letzter Zeit manche Veränderungen eingetreten. Es sind viele verreist, weil sie übersiedeln mussten.“[264]

Mit dieser beschönigenden Formulierung war die erste Deportationswelle gemeint. Emil Buxbaum nennt als Opfer aus seinem Umkreis seinen Bruder Edwin, seinen Bruder Berthold mit seiner Frau Kamilla, seinen Onkel Rudolf, Heinrich und Mařka, Leo und Trude, Herrn Fries und Epsteins Eltern. Die Deportierten, schreibt er, lassen grüßen und hoffen auf ein Wiedersehen. „Wohin die Genannten übersiedelten, wissen wir noch nicht, werden dies aber in Kürze erfahren und Euch sofort wissen lassen.“ Der Brief endet mit dem Satz: „Es ist nicht ausgeschlossen, dass auch wir übersiedeln müssen. Leider kann ich Euch hierüber nichts Konkretes berichten.“[265] Einige der Personen, die Emil Buxbaum aufzählt, werden in der Datenbank von Yad Vashem als Holocaustopfer genannt. Als Ort ihres Todes wird Łódź angegeben.[266]

Im November 1941 traf das Schicksal der Deportation zum ersten Mal Mitglieder der Familie. Aus München kam die Nachricht, dass Josef Abeles' Brüder, Schwägerinnen und Neffen am 21. November mit dem ersten Transport Münchner Juden nach Kaunas in Litauen verschleppt worden waren. Ihre alten Eltern Max und Dora verzehrten sich vor Kummer um ihre spurlos verschwundenen Kinder. Sie wussten nicht, dass diese schon am 25. November in Kaunas erschossen wurden und hofften noch auf Nachricht, bis sie selbst deportiert wurden.[267]

In Prag wurde als erste eine Nichte aus dem Familienkreis gerissen: „Mitzi aus Brünn ist mit ihrem Mann auch schon weg und jammern sich ihre Eltern genug ab“[268], teilt Frieda im Dezember mit. Mitzi [Marie] Fischer war die Tochter von Heinrichs Bruder Ludwig, der mit seiner Frau Frieda zum Prager Kreis der Zurückgebliebenen gehörte. Maries Familie erfuhr nie,[269] dass sie am 2. Dezember 1941 mit dem Transport G nach Theresienstadt deportiert wurde und von dort aus am 9. Januar 1942 nach Riga in Lettland, wo sie ums Leben kam.[270]

Frieda und Heinrich müssen zum Jahresende ihre Zuversicht, doch noch auswandern zu dürfen, endgültig begraben. Hieß es zunächst noch, man dürfe „den Mut nicht sinken lassen"[271] und brauche eben sehr viel Geduld, zerrann Ende des Jahres auch die Hoffnung, nach Kuba zu entkommen. „Vom cubanischen Konsulat ist leider noch keine Bestätigung des Einreisevisums gekommen"[272], meldet Heinrich im Dezember, und Frieda zieht endgültig einen Schlussstrich unter das Thema Auswanderung: „Wir wären ja auch schon dran gewesen, aber die letzten Ereignisse haben unsere Hoffnungen zerschellt."[273] Beide wissen, „dass alle Bemühungen wegen unserer Ausreise umsonst waren"[274].

In einem Brief vom 2. Dezember 1941 gehen Heinrich und Frieda erstmals deutlich auf die Gefahr ein, selbst „übersiedeln" zu müssen: „Wir sind für eine eventuelle Abreise so ziemlich ausgerüstet und überlassen es nun dem lieben Gott, was er mit uns macht, müssen wir ertragen"[275], schreibt Frieda fatalistisch. In seinem Zusatz an den Brief seiner Frau geht Heinrich in merkwürdig verharmlosender Diktion darauf ein, dass sie „Aussicht haben zu übersiedeln"[276]. Die Übersiedlungen seien notwendig, „da die Wohnungen zu teuer sind"[277]. Als vermutlichen Aufenthaltsort wollte Heinrich „Theresienstadt" angeben. Die Zensurbestimmungen verboten jedoch, Ortsnamen zu nennen. So strich er das Wort Theresienstadt durch und ersetzte es durch die Formulierung „wo ich früher gedient habe"[278]. Nach seiner schweren Verwundung im Ersten Weltkrieg hatte Heinrich dort als Schreiber Dienst getan.

Den Betroffenen war also bekannt, dass die Transporte nach Theresienstadt führten. Das Wort „Übersiedlung", wie der offizielle Sprachgebrauch lautete, löste bei den Menschen größten Schrecken aus, ohne dass sie konkret wussten, was die „Evakuierten“ dort erwartete und welches weitere Schicksal sie zu erleiden haben würden. Es kursierten aber angsteinflößende Gerüchte über eine Weiterverschickung „nach Osten“, die auch ins Ausland drangen. Daher wussten die Angehörigen, dass ihre zurückgebliebenen Verwandten in höchster Gefahr schwebten, ohne dass sie ihnen helfen konnten. Nun blieb ihnen nur, von Tag zu Tag auf Nachricht zu warten und auf ein Wunder zu hoffen.

Die Briefe aus den letzten Monaten vor der Deportation unterscheiden sich thematisch nicht von den früheren, aber die Entbehrungen, die Hoffnungslosigkeit und die Angst sind zwischen den Zeilen immer deutlicher herauszulesen. In den ersten Briefen von 1942 gehen die Eltern manchmal auf ihre Not durch den extrem kalten Winter ein. Im Januar klagt Frieda: „[...] die strenge Kälte, die seit zwei Wochen hier ist, macht sich unangenehm fühlbar, umso mehr als wir nicht genug Kohle haben um unser Zimmer genügend zu heizen.“[279]

Die immer trostloser werdenden Lebensumstände in der Školská – Enge, Not, Kälte und Sorgen – führten wohl auch zu Reibereien zwischen den Eheleuten: „Papa zankt, dass ich so erfroren [sic!] bin, aber mir ist immer kalt“[280], klagt Frieda. Trotzdem versuchten die Eltern in ihren Briefen an die Kinder ein positives Bild ihrer Lebensbedingungen zu zeichnen: „[...] unser Zimmer machen wir uns so behaglich wie möglich. Man muss zwar mit Kohlen sehr sparsam umgehen, aber wir sind nicht so verwöhnt. Du weißt, dass wir es zuhause auch nicht allzu warm hatten“[281].

Obwohl sie kaum genug zu essen hatten, formulierte die Mutter vorsichtig: „[...] mit der Küche kommen wir ganz gut zu Fach, man hat sich schon so an alles gewöhnt, dass es einem auch ohne Leckerbissen gut schmeckt, Hauptsache, es ist gut zubereitet und man hat genug.“[282] Die Bemerkung, man sei „immer bei gutem Apetitt [sic!]“ und lasse nichts übrig,[283] könnte allerdings auch bedeuten, dass sie eben nicht „genug“ zu essen hatten. Als Andeutung für mangelhafte Versorgung könnte der folgende Satz vom Januar 1942 gemeint sein: „Es mangelt uns G[ott]l[ob] an nichts, es ist ja alles so eingeteilt,

das [sic!] man auskommt, man muß aber eine andere Kochkunst anwenden."[284]
Den Kindern gegenüber wollten die Eltern ihre Not nicht offenbaren; in einem direkt für Cousine Maria in der Schweiz bestimmten Brief schrieb Frieda jedoch offener: Sie danke Gott nach jeder Mahlzeit; sie äßen sich „schon noch satt" und Feinschmecker seien sie ja nie gewesen. Sie selbst habe abgenommen – „das machen halt die Sorgen" – und wiege nur noch 55 Kilogramm.[285] Maria Klopfer schickte Lebensmittelpäckchen nach Prag, was auf dem Umweg über Portugal möglich war. Auf die Frage, was sie brauche, antwortete Frieda: „Honig oder Reis, auch Sardinen [...] bin ich nicht unbescheiden?"[286] Den Inhalt der Päckchen teilte die Prager Gruppe unter sich auf.
Heinrich musste oft außer Haus zu Behörden, zur Bank und zur Post, ansonsten „bastelt er den ganzen Tag und findet immer etwas zum Richten, auch sonst hilft er mir viel im Haushalt"[287], berichtet Frieda. Sie selbst, die bei Kälte stark unter Rheumatismus leidet, verlässt die Wohnung nur, um wegen Fußschmerzen, Magenbeschwerden und Schlaflosigkeit einen Arzt aufzusuchen. Die jüdischen Ärzte, die sich nun „Krankenbehandler" nennen mussten, hatten jedoch keine wirksamen Medikamente zur Verfügung. Tees und Kräuterpackungen halfen kaum.
Etwas Abwechslung in den eintönigen, trostlosen Alltag bringt dem Ehepaar die Gesellschaft eines Zimmernachbarn und Schicksalsgenossen, mit dem die beiden in den letzten Wochen die Abende verbringen. Er muntert sie auf, nimmt Anteil an den Berichten von den Kindern und ist „in jeder Hinsicht fein und nett" zu ihnen, „das macht einem das Wohnen auch viel angenehmer"[288]. Wichtiger denn je sind die Briefe der Kinder. „Du glaubst nicht, liebe Mariele, wie Frieda sich freuen würde zu den Kindern zu kommen, sie kann besser schlafen, wenn Post von ihnen kommt und ist gleich viel frischer, bei ihr muss man speziell auf die Gesundheit schauen"[289], schreibt Elsa Anspach der Cousine in Genf. Wichtig ist auch der Kontakt mit der kleinen Gruppe der zurückgebliebenen Verwandten, die eng zusammenhält: „Wir freuen uns noch des Beisammenseins

und besuchen uns recht fleißig, meistens sind wir Samstag und Sonntag beisammen."[290]

In den Briefen ist jetzt immer deutlicher die Angst vor dem drohenden Unheil zu spüren. „Wir sind beide ebenso alle unsere Lieben hier gottlob gesund und es geht uns soweit immer noch befriedigend" und „wir wären zufrieden, wenn es so bleiben möchte und es nicht ärger werden würde"[291] sind typische Wendungen in den Briefen jener Monate.

Heinrich war der Zusammenhang zwischen dem Kriegsverlauf und der immer radikaleren Judenverfolgung sehr bewusst. Bereits 1940 schrieb er, der „unselige Krieg" sollte bald ein Ende nehmen, „damit man wieder zu geordneten Verhältnissen käme"[292], und im November 1941 sehnt er angesichts des zunehmenden Drucks das baldige Kriegsende herbei, damit man „wieder freier atmen könnte"[293]. In seinem geheimen Tagebuch kann Victor Klemperer – anders als Heinrich – ohne Umschweife äußern: „Entweder Hitler geht zugrunde, oder wir gehen zugrunde."[294]

Auch Heinrich sieht Ende 1941 keinen eigenen Handlungsspielraum mehr. So schreibt er im November an seine Kinder:

> Man weiß ja heute nicht, was für andere Verordnungen noch kommen und ob es nicht auch so wie in München[295] wird. Gefasst sind wir auf alles und können nur Gott um Schutz bitten. Macht Euch keine unnötigen Sorgen, es lässt sich nicht ändern und können wir immer nur hoffen gesund zu bleiben und mit Gottes Hilfe überstehen, was auch kommen mag.[296]

Am Jahresende fasst Frieda in einem Brief an Maria Klopfer die Lage der Prager Gruppe zusammen:

> Wir sind alle gesund und noch beisammen in unseren Wohnungen, haben genügend zu essen, auch Heizmaterial genug um unser Zimmer auszuwärmen und so wären wir vorläufig zufrieden, wenn es so bliebe. Was uns die Zukunft bringt, wissen wir natürlich nicht, jedenfalls sind wir gefasst und auf alles vorbereitet [...] Gott hat uns bisher geholfen und wird uns auch weiter helfen.[297]

III Keine Nachricht mehr

Bald wirst Du alle Bande
und Angst und herbe Pein
und schwere Schmerzen los
Andreas Gryphius (1616–1664)

1. Die Verschleppten

Nach Theresienstadt: *„zwei Tage sind wir noch Menschen"*[298]

Eines Tages Ende April 1942 erhielt Maria in Genf Post aus Prag. Diesmal war es kein Brief, sondern nur eine Postkarte. Diese ist die letzte Nachricht von Frieda und Heinrich und ihr letztes Lebenszeichen: Sie enthält die Ankündigung ihrer bevorstehenden Deportation. Frieda schrieb die Karte am Freitag, dem 17. April; sie wurde am 18. April um 13 Uhr in Prag 3 abgestempelt. Die Briefmarke zu 1,50 Kronen zeigt ein Pflanzenmotiv. Außer dem Poststempel trägt die Karte aus Prag wie üblich einen runden Prüfstempel mit einem Hakenkreuz in der Mitte. Die umlaufende Schrift lautet: „Geprüft – Oberkommando der Wehrmacht". Auf der gleichen Seite sind noch zwei kleine rechteckige Stempel mit den Ziffern 404 und 448 zu erkennen – die Kontrollstempel der Zensoren. Außerdem enthält die Karte den handschriftlichen Vermerk M-2296. Er stammt der Schrift nach von Maria, die die eingehende Post auf diese Weise nummerierte. Eine Notiz über den Tag des Empfangs hat sie entgegen ihrer Gewohnheit nicht angebracht. Da die Post von Prag nach Genf ungefähr eine Woche brauchte, kam die Karte wohl um den 25. April dort an. Auf der Karte ist das Datum „17.4.42" vermerkt, es scheint jedoch, als habe Frieda ursprünglich 14.4. schreiben wollen und dann die 4 in eine 7 geändert. Maria las:

> Meine Lieben!
> Vielen Dank für dein so ausführliches Schreiben, das wir diesmal schon mit Sehnsucht erwarteten, alle haben es mit großem Interesse

gelesen und sind froh das [sic!] du uns von dir und deinen Lieben und auch von den Kindern so gute Berichte geben konntest. G[ott] l[ob] sind wir alle wohlauf, aber leider muß ich dir heute berichten, das [sic!] ich und mein l[ieber] Mann Dienstag abreisen also schreibe jetzt an Elsa die noch hier ist. Das [sic!] wir sehr viel zu tun haben kannst du dir denken aber wir haben viel Hilfe besonders Trudi und Liesl helfen uns viel. Gott gebe das [sic!] wir gesund bleiben und uns alle wieder einmal sehen. Das [sic!] wir jetzt unsere Gedanken viel bei unseren Kindern haben, ist begreiflich, aber ich lasse den Kopf nicht hängen und halte mich so tapfer als möglich.

Also lebt recht wohl mit allen Lieben, wir werden deiner stets mit Dankbarkeit gedenken in treuer Liebe deine Frieda[299]

Friedas Worte lassen spüren, dass sie sich des endgültigen Abschieds bewusst ist. Heinrichs anschließende Gruß- und Dankworte dagegen deuten die bevorstehende Deportation mit keiner Silbe an. Er bringt nur wenige allgemeine Worte zu Papier:

Meine Lieben! Nehme auch von mir liebe Mariele meinen besten Dank für Deine so lieben ausführlichen Zeilen entgegen. Daß es der lb. Lotte mit Kindchen so gut geht, freut uns sehr und wünsche auch weiters nur das Allerbeste. Grüße alle Lieben und Kinder herzlichst von mir und sei Du selbst innigst gegrüßt von Euerem treuen Heinrich[300]

Als Maria diese Zeilen las, befanden sich Frieda und Heinrich bereits in Theresienstadt, vielleicht auch schon auf dem Weg „in den Osten“. Der Deportationsbefehl kam nicht unerwartet. Seit den ersten „Übersiedlungen“ im Oktober 1941 ging die Angst unter den Menschen um. Täglich lastete die Sorge auf ihnen, wann sie an die Reihe kommen würden und was sie nach der „Abreise“ nach Theresienstadt erwartete. Es gab Gerüchte, man werde in Lagern „im Osten“ für die deutsche Kriegswirtschaft arbeiten müssen. Aber warum hörte man nichts mehr von den „Verreisten“? Warum kam kaum jemals Post von einem von ihnen? Und warum kehrte niemals jemand zurück?

Aus vielen erhalten gebliebenen Abschiedsbriefen geht hervor, dass die Menschen ahnten, dass sie einem grausamen Schicksal entgegengingen und wahrscheinlich niemals zurückkehren würden. Aus dem Familienkreis gibt es außer Friedas Karte noch ein weiteres Dokument des Abschiednehmens. Rudolf Pick, der

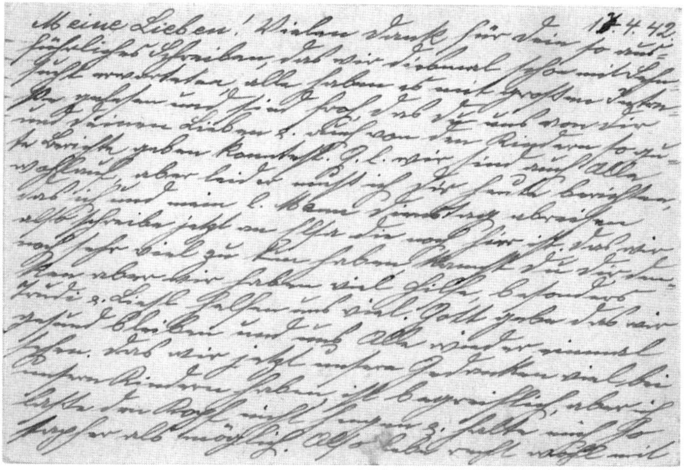

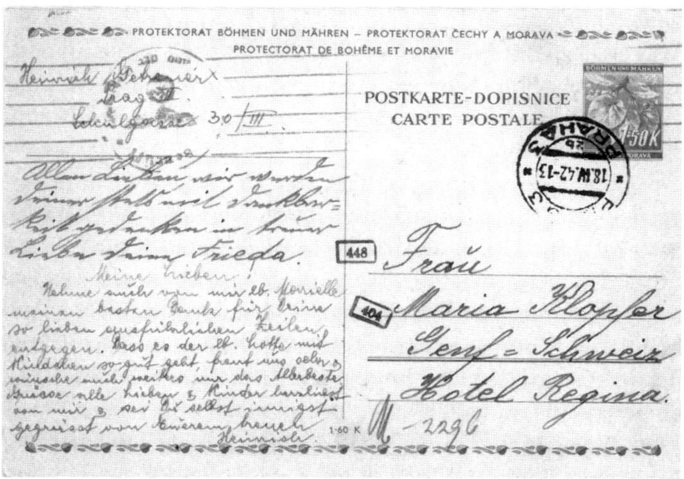
PROTEKTORAT BÖHMEN UND MÄHREN – PROTEKTORAT ČECHY A MORAVA
PROTECTORAT DE BOHÊME ET MORAVIE

POSTKARTE-DOPISNICE
CARTE POSTALE

BÖHMEN UND MÄHREN 1·50 K MORAVA

PRAHA 18.IV.42-13

448

404

Frau
Maria Klopfer
Genf - Schweiz
Hotel Regina.

1·60 K

Abb. 35: Die letzte Nachricht von Frieda und Heinrich: Postkarte vom 17. April 1942

Schwiegervater von Heinrich Getreuers Neffen Paul, schrieb an seine zurückbleibenden Verwandten:

> Meine Liebsten
> Wie Ihr vielleicht schon hörtet gehen wir Montag mit dem 2ten Transport ab und will ich dir l[ieber] Otto unsere neuen Nummern schreiben, wenn du vielleicht einmal nach Prag kämst und mit den Herrn sprechen würdest 675, 676.
> Sonst haben wir alles vorbereitet, zwei Tage sind wir noch Menschen. Wir danken Euch nochmals für alles und grüßen und küssen Euch innigst Eure Rudolf und Fanny. Den lieben Kinderchen viele Küsse. Sie mögen Euch stets gesund bleiben und Ihr mit ihnen. Der lieben Tante viele Grüße[301]

Die angegebenen Nummern sind die Transportnummern des Ehepaares Rudolf und Fanny Pick; ihre Erwähnung soll dazu dienen, den Verwandten einen Hinweis für eventuelle Nachfragen zu hinterlassen.
Was geschah mit Frieda und Heinrich Getreuer, nachdem auch für sie der gefürchtete Tag gekommen war und eines Nachts ein Bote der Jüdischen Gemeinde den schriftlichen Befehl zum Aufbruch überbrachte?[302]
Sie stellten wohl aus ihren verbliebenen Habseligkeiten ihr Reisegepäck gemäß den Vorschriften zusammen, auch Verpflegung für fünf Tage. Briefe und Bilder ihrer geliebten Kinder waren mit Sicherheit dabei. 50 Kilogramm pro Person waren zugelassen – zu wenig zum Weiterleben, zu viel zum Tragen für zwei gesundheitlich angeschlagene Leute. Die beiden jungen Nichten Trude Anspach und Liesl Epstein, die beim Jüdischen Hilfsdienst eingesetzt waren, halfen ihnen beim Packen und Tragen.[303]
Die „Transportteilnehmer“, wie sie offiziell bezeichnet wurden, mussten vor dem Aufbruch noch viele Formalitäten erledigen. Personalbögen und Vermögenserklärungen ausfüllen, das Gepäck mit der ihnen zugeteilten Transportnummer kennzeichnen, Pappschilder mit dieser Nummer anfertigen, die um den Hals zu tragen waren. Die Transportnummer diente der Zuweisung eines Platzes im Zug und einer Schlafstelle im Sammellager. Alle Wertgegenstände und Bargeld mussten aufgelistet und mitgenommen werden; eine polizeiliche Abmeldung war nicht

erforderlich.[304] Frieda und Heinrich Getreuers Transport trug die Bezeichnung Am. Heinrich hatte die Transportnummer Am 809, Frieda die Nummer Am 810.[305]
Die Zusammenstellung eines Transports oblag der „Transportabteilung" der Prager Jüdischen Kultusgemeinde. Termin und Personenzahl legten die Gestapobehörden fest. Üblicherweise wurden Familien gemeinsam deportiert. Mit Frieda und Heinrich „reisten Ludwigs Geschwister, Nichten und Neffen mit"[306], wie die noch zurückgebliebene Elsa Anspach nach Genf berichtete. Wahrscheinlich ist mit „Ludwig" Friedas Schwager Ludwig Anspach gemeint, der noch kurze Zeit mit Frau Else und Tochter Trude in Prag bleiben durfte.
Am Morgen[307] des 21. April 1942, einem regnerischen[308] Dienstag, verließen Frieda und Heinrich Getreuer wohl ihr Zimmer im Hinterhaus des Gebäudes Schulgasse 30, stiegen die drei Stockwerke hinunter in den Innenhof, durchquerten den Durchgang zur Straße und begaben sich zur vorgeschriebenen Zeit in das Sammellager für den Transport nach Theresienstadt. Dieses befand sich in einem Messegelände in Holeschowitz im Nordwesten der Stadt.[309] Der Ablauf der Deportation bis zum Eintreffen in Theresienstadt ist oft beschrieben worden[310] und wird bei Frieda und Heinrich ähnlich verlaufen sein. Sie selbst konnten darüber nicht mehr berichten, aber es gibt die Schilderung eines Großneffen, der diese Prozedur als Kind erlebte.
Friedas Neffe Paul Lustig, seine Frau Irene und sein kleiner Sohn Thomas mussten im September 1942 auch nach Theresienstadt „übersiedeln". Die Familie überlebte. Der damals sechsjährige Thomas schilderte Jahrzehnte später in seinen Memoiren die Vorgänge vom Verlassen ihrer Wohnung in der Nähe von Prag bis zur Ankunft in Theresienstadt aus der Perspektive eines Kindes:

> Am bezeichneten Tag gingen wir zur Bahnstation und nahmen den Zug nach Prag. Von dort gingen wir zur Ausstellungshalle und meldeten uns am Eingang.
> Unsere Transportnummer war BG. Es müssen dort ungefähr tausend Menschen gewesen sein, wahrscheinlich mehr. Es wimmelte nur so von Leuten. Ich war es nicht gewöhnt, mit so vielen Menschen zusammen zu sein. Es gab Gemeinschaftstoiletten im Freien und

gemeinsame Waschräume. Überall standen die Menschen Schlange und warteten bis sie an die Reihe kamen, denn alles war ständig überfüllt und es gab von allem zu wenig. Wir mussten auch um das Essen Schlange stehen. Es schmeckte nicht gut. Damals war ich ein verwöhntes Kind und beim Essen sehr wählerisch. Das gewöhnte ich mir allerdings bald ab.
Auf dem Fußboden einer großen Ausstellungshalle wurde uns ein Matratzenlager zum Schlafen zugewiesen. Plötzlich hörten wir den Befehl „Achtung!" Viele wussten nicht, was zu tun sei, aber es sprach sich herum, dass alle, einschließlich der dazu fähigen Kinder, aufzustehen und zuzuhören hatten. Das taten wir. Es herrschte ein militärischer Ton, denn die Nazis liebten Strenge und Effizienz. Man teilte uns einige organisatorische Angelegenheiten mit, vor allem, dass wir innerhalb von drei Tagen mit dem Zug nach Theresienstadt gebracht werden würden.
Uns wurde gesagt, dass auf unser Gepäck aufgepasst werde. Wir hatten ohnehin nur so viel bei uns, wie wir zum Bahnhof tragen konnten. Am Morgen erhielten wir am Eingangstor Nummern. Ich war BG 575. Ich erinnere mich noch, dass ich diese Nummer wiederholen musste und dass mir eingeschärft wurde, sie ja nicht zu vergessen.[311]

Der Sechsjährige nahm nicht alles wahr, was die Erwachsenen erdulden mussten. Die verwahrlosten Baracken, die katastrophalen hygienischen Verhältnisse, die Schikanen und Misshandlungen, die Abgabe der letzten Wertsachen, Angst und Ungewissheit – all das führte zu hysterischen Anfällen und Nervenzusammenbrüchen.[312]
Thomas Lustig (später Lenda) beschreibt die Weiterfahrt nach Theresienstadt so:

In Prag gibt es viele Bahnhöfe, aber ich glaube, wir gingen vom Ausstellungsgelände zur nächstgelegenen Station[313]. Aber es dauerte letztendlich einen halben Tag, bis jeder den für ihn vorgesehenen Platz im Zug gefunden hatte. Schließlich setzte sich der Zug in Bewegung. Wir alle wurden in ein Gefängnis gebracht und die allermeisten kehrten niemals zurück. Für mich war diese Fahrt die letzte bürgerliche Lebenserfahrung für fast drei Jahre. Aber ironischerweise waren wir beinahe froh, dass überhaupt etwas geschah. Wir fuhren in einem gewöhnlichen, altmodischen Zug. Es war keine 1. Klasse, aber immerhin 2. oder 3. Klasse. Es

> wurden keine Viehwaggons benutzt wie bei den nachfolgenden Transporten in den Osten.
> Die Landschaft zog vorbei, der Zug fuhr an einem Fluss entlang und nach wenigen Stunden hielten wir an der kleinen Bahnstation Bauschowitz, von wo aus wir ungefähr 3 Kilometer nach Theresienstadt zu gehen hatten [...]
> Unser Gepäck wurde ausgeladen und auf Karren gepackt, die von Menschen geschoben wurden, die schon in Theresienstadt lebten. Die Karren waren eigentlich alte jüdische Leichenwagen, von denen man das Dach entfernt hatte, um flache Fahrzeuge zu erhalten. Anstelle von Pferden wurden sie von Menschen gezogen und geschoben. Glücklicherweise stellte sich heraus, dass ein Mann von der Transportleitung Pavu war, der jüngere Bruder meiner Mutter. Er passte besonders auf unser Gepäck auf.
> Wir nahmen unser Handgepäck und gingen los. Ich hatte einen kleinen alten Militärbrotbeutel mit Taschenlampen und Ersatzbatterien. Dies hätte reichen sollen für die drei Wochen, die es nach unserer Überzeugung dauern würde, bis die Nazimilitärmacht zusammenbrechen würde und wir wieder nach Hause zurückkehren könnten. Es war ein freundlicher, sonniger, angenehmer und warmer Tag unter weniger angenehmen Umständen für uns. Aber es war doch ein Tag, den man nie vergisst.
> Die Leute von der Transportleitung ordneten die Neuankömmlinge in Fünferreihen für den 3 Kilometer langen Marsch in die Stadt. Wir marschierten vom Bahnhof auf einer mit Bäumen gesäumten Landstraße. Die weite Landschaft bot eine schöne Aussicht und wir sahen die letzten Schmetterlinge. Eine Weile war es ganz angenehm. Bald aber spürte ich den Druck des Brotbeutels auf meiner Schulter. Ich ging weiter, ihn von einer Schulter zur anderen wechselnd. Hilfe war nicht zu erwarten, denn jeder hatte sein eigenes Gepäck zu schleppen. Obwohl die großen 50-Kilogramm-Koffer auf den Karren transportiert wurden, habe ich unsere 3 Kilometer lange Wanderung als anstrengend in Erinnerung.
> Schließlich erschienen die alten Ziegelsteinmauern der Festungsstadt vor uns. Jetzt betraten wir das Konzentrationslager Theresienstadt [...] Es wurde mein Gefängnis für die nächsten drei Jahre meines jungen Lebens.[314]

Das Ehepaar Getreuer trat die Fahrt von Prag nach Theresienstadt am Freitag, dem 24. April an. Die beiden werden wohl wegen

Abb. 36: Die Kavalierkaserne in Theresienstadt – die erste Station nach der Ankunft im Lager

ihrer Gehbehinderung von der Möglichkeit Gebrauch gemacht haben, mit ihrem Gepäck von der Bahnstation Bauschowitz in das Lager gefahren zu werden. Die Kranken und Alten wurden so dicht auf Lastwagen geladen, dass sie weder stehen noch sitzen konnten. Es wird berichtet, dass sich das Begleitpersonal sehr häufig an der Habe der Menschen vergriff.[315]

In Theresienstadt angekommen, wurden die Neuankömmlinge in eine der Kasernen gebracht, die als sogenannte „Schleuse" diente. Hier wurden sie erneut registriert und wiederum aufgefordert, Geld und Wertsachen abzugeben. Sie selbst und ihr Gepäck wurden durchsucht; Medikamente, Spirituosen, Feuerzeuge, Tabak wurden fortgenommen und sogar von persönlichen Andenken wie Briefen und Fotos mussten sich die Menschen trennen.[316] Oft bereicherten sich die Kontrolleure in der „Schleuse" an den allerletzten Habseligkeiten der Deportierten.[317]

Thomas Lustig schildert den ersten Eindruck vom Lager Theresienstadt:

> Es war später Nachmittag und wir fühlten uns erschöpft. Wir betraten die „Schleuse“. „Slojsovat“ bedeutete im Lagerjargon stehlen. Und dies geschah in der Schleuse. […] Das Gebäude war die Eingangsstation zum Ghetto. Jedes Gepäckstück wurde auf einen Tisch gelegt und geöffnet. Nazioffiziere und Zivilisten prüften das Gepäck mit den Augen und flinken Händen. Sie nahmen heraus, was die Häftlinge angeblich nicht besitzen durften. Ich erinnere mich weder an Streitigkeiten noch an Verweigerung. Die neuen Gefangenen waren verängstigt und müde.[318]

Nach der „Einschleusung“ wies man den verstörten Menschen in einer der Kasernen Schlafplätze zu. Thomas Lustig erinnert sich:

> Unsere neue Unterkunft befand sich auf einem riesigen Dachboden im obersten Stockwerk einer alten Kaserne unmittelbar unter dem Dach. Wir teilten den riesigen dunklen Raum mit Hunderten von Menschen, Mäusen und Ratten. […] Das war sowohl unser Schlaf- als auch unser Wohnraum.
> Mir schien es ein großer dunkler Raum zu sein – wie ein endloser, finsterer Tunnel ohne Licht. Aber wir hatten meine Batterien und Taschenlampen. Ich war stolz darauf – wenigstens für eine Weile. […] Die Atmosphäre war angespannt, denn jeder musste um etwas Wohnraum kämpfen […]
> Im Stockwerk unter uns wimmelte es von jungen und alten Leuten und einigen Kindern. Alle Menschen schienen sich in dem einen großen Gang vor den Gemeinschaftstoiletten und -waschräumen zusammenzudrängen.
> Das Essen wurde auf militärische Art ausgegeben. Wir hatten Blechschüsseln und Essbesteck. […] Wir standen Schlange bis etwas Essen in die Schüsseln gegeben oder geworfen wurde. Es war kaum genießbar.[319]

Der Transport, mit dem Frieda und Heinrich nach Theresienstadt kamen, wird im Tagesbefehl vom 23. April erwähnt: „Weisungen für den am 24.4.1942 ankommenden Transport. Dieser Transport wird im Kavalier 8[320] durchschleust. Die Durchschleusung erfolgt in der Zeit vom 24.–26.4.1942.“[321] Eine Aufzeichnung aus Theresienstadt über einen Transport im April 1942 gibt einen Eindruck von der Lage der Neuangekommenen, nachdem sie die Schleuse passiert hatten: „Nichts wusste ich über meine Zukunft im Ghetto. Ob es mir gelingen wird zu bleiben, zu arbeiten,

Abb. 37: In der Schleuse. Federzeichnung von Fritz Fritta, entstanden 1942

Abb. 38: Dachboden einer Kaserne in Theresienstadt. Federzeichnung von Fritz Fritta, entstanden 1942

zu leben. Unser Transport schmolz zusammen. Blitztransporte gingen rasch nacheinander nach dem Osten ab."[322]

Nach der Durchschleusung wurden die Menschen in eine der überfüllten Kasernen gepfercht, wahrscheinlich in die Sudetenkaserne[323], die für kurze Aufenthalte diente. Sie wussten nicht, dass ältere und nicht ganz gesunde Menschen dazu bestimmt waren, binnen weniger Tage in einen der nächsten Transporte „in den Osten" eingereiht zu werden.

Zwischen dem 18. und dem 30. April 1942 verließen in sechs „Ostentransporten" ungefähr 6000 Menschen Theresienstadt, und zwar am 18., 23., 26., 27., 28. und 30. April. Den Tagesbefehlen der Lagerkommandantur ist zu entnehmen, dass die Zusammensetzung der Transporte immer wieder geändert wurde. Auch der Transport Aq, dem Heinrich und Frieda Getreuer angehörten, wurde mehrmals verändert und neu formiert, bis die jeweils 1000 „Transportteilnehmer" feststanden.[324]

Die Opfer mussten in der Regel zu Fuß zur Bahnstation nach Bauschowitz gehen. Beim Verlassen des Lagers herrschten wegen des überstürzten Tempos chaotische Zustände. Gepäck wurde gestohlen, ging verloren, blieb herrenlos zurück. Jeweils 70 bis 80 Personen mussten in Bauschowitz einen Viehtransportwagen besteigen. Jeder bekam etwas Brot und Aufstrich als Proviant. Wasser wurde nicht mitgegeben. Als Toilette diente ein Kübel.[325]

Im Tagesbefehl für die „Ostentransporte" vom 25. und 27. April 1942 heißt es: „[...] der für heute bestimmte Ostentransport ist [...] mit 1000 Personen nach dem Osten abgegangen".[326] Der Tagesbefehl vom 28. April 1942 ergänzt: „Der am 27. d. M. abgegangene Ostentransport führt die Bezeichnung Aq."[327]

Heinrich hatte die Transportnummer Aq 280 und Frieda trug die Nummer Aq 281. Der Zug fuhr nach Izbica im Bezirk Lublin im sogenannten Generalgouvernement, dem deutsch besetzten Teil Polens. Was sich während der Fahrt „in den Osten" ereignete, ist kaum erforscht. Die letzten Wochen, Tage und Stunden der Verschleppten bleiben in den allermeisten Fällen im Dunkeln.[328]

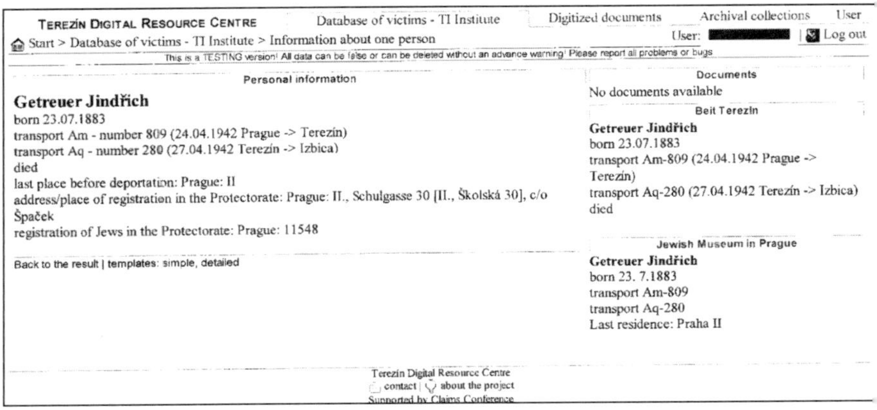

TEREZÍN DIGITAL RESOURCE CENTRE | Database of victims - TI Institute | Digitized documents | Archival collections | User

Start > Database of victims - TI Institute > Information about one person | User: [redacted] | Log out

This is a TESTING version! All data can be false or can be deleted without an advance warning! Please report all problems or bugs

Personal information

Getreuer Jindřich
born 23.07.1883
transport Am - number 809 (24.04.1942 Prague -> Terezín)
transport Aq - number 280 (27.04.1942 Terezín -> Izbica)
died
last place before deportation: Prague: II
address/place of registration in the Protectorate: Prague: II., Schulgasse 30 [II., Školská 30], c/o Špaček
registration of Jews in the Protectorate: Prague: 11548

Back to the result | templates: simple, detailed

Documents
No documents available

Beit Terezín
Getreuer Jindřich
born 23.07.1883
transport Am-809 (24.04.1942 Prague -> Terezín)
transport Aq-280 (27.04.1942 Terezín -> Izbica)
died

Jewish Museum in Prague
Getreuer Jindřich
born 23. 7.1883
transport Am-809
transport Aq-280
Last residence: Praha II

Terezín Digital Resource Centre
contact | about the project
Supported by Claims Conference

Abb. 39: Die Transportdaten von Heinrich Getreuer in der Datenbank der Gedenkstätte Theresienstadt

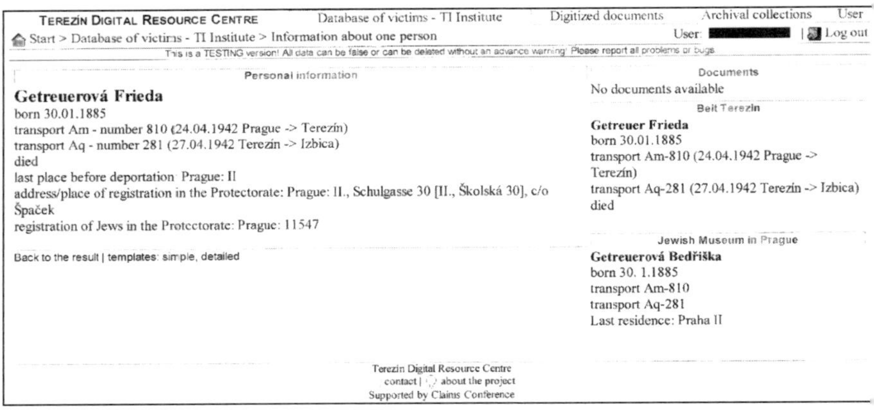

TEREZÍN DIGITAL RESOURCE CENTRE | Database of victims - TI Institute | Digitized documents | Archival collections | User

Start > Database of victims - TI Institute > Information about one person | User: [redacted] | Log out

This is a TESTING version! All data can be false or can be deleted without an advance warning! Please report all problems or bugs

Personal information

Getreuerová Frieda
born 30.01.1885
transport Am - number 810 (24.04.1942 Prague -> Terezín)
transport Aq - number 281 (27.04.1942 Terezín -> Izbica)
died
last place before deportation: Prague: II
address/place of registration in the Protectorate: Prague: II., Schulgasse 30 [II., Školská 30], c/o Špaček
registration of Jews in the Protectorate: Prague: 11547

Back to the result | templates: simple, detailed

Documents
No documents available

Beit Terezín
Getreuer Frieda
born 30.01.1885
transport Am-810 (24.04.1942 Prague -> Terezín)
transport Aq-281 (27.04.1942 Terezín -> Izbica)
died

Jewish Museum in Prague
Getreuerová Bedřiška
born 30. 1.1885
transport Am-810
transport Aq-281
Last residence: Praha II

Terezín Digital Resource Centre
contact | about the project
Supported by Claims Conference

Abb. 40: Die Transportdaten von Frieda Getreuer in der Datenbank der Gedenkstätte Theresienstadt

Izbica – das letzte Ziel

Die grauenhaften Umstände der „Übersiedlung in den Osten" sind oft beschrieben worden. Viele Opfer starben bereits während des Transports in der drangvollen Enge der dunklen Güterwagen. Der Zug brauchte von Theresienstadt zu den Zielorten in der Regel zwei bis drei Tage.
Wir wissen, dass der Transport Aq an einer Rampe bei Lublin „selektiert" wurde. Dabei wurden auch die Gepäckstücke nochmals untersucht und letzte Habseligkeiten geraubt. Etwa 200 bis 400 Männer im Alter zwischen 15 und 50 Jahren wurden ausgesondert und zur Arbeit in das Konzentrationslager Majdanek gebracht.[329] Ein junger Mann soll geflohen sein und als einziger den Transport Aq überlebt haben.[330] Die übrigen rund 600 Personen fuhren noch ca. 50 Kilometer weiter Richtung Südosten nach Izbica. Der Transport soll dort am 30. April angekommen sein.[331]
Izbica war ursprünglich ein polnisches Städtchen mit starker jüdischer Bevölkerung gewesen. Nach der Eroberung Polens hatten die deutschen Machthaber die ansässigen Juden umgebracht. In die leeren Häuser zogen deportierte Juden aus Westeuropa ein. Der erste Transport aus Theresienstadt kam am 13. März 1942 in Izbica an. Der armselige Ort war durch die vorangegangenen Ereignisse total heruntergekommen. Die Ankommenden lebten zusammengepfercht in den ihnen zugewiesenen baufälligen Holzhäusern und harrten ihres weiteren Schicksals. Es gab keine Arbeit, keine ausreichende Verpflegung und Versorgung, nur zermürbendes Warten.[332]
Ob die deportierten Menschen das ihnen zugedachte Schicksal ahnten? Wahrscheinlich klammerten sie sich bis zuletzt an die Hoffnung, irgendwie durchzuhalten und zu überleben. Sie wussten wohl nicht, dass Izbica eines von mehreren Durchgangslagern in der Nähe von Lublin war, die als Wartepunkte für den Massenmord in den Lagern Belzec und Sobibor, Treblinka und Majdanek dienten.[333] Von März bis November 1942 passierten etwa 26 000 Menschen Izbica, bevor sie in einem der genannten Vernichtungslager in den Tod getrieben wurden.[334]

Über die Lebensverhältnisse in Izbica informieren einige Nachrichten aus dem Frühjahr 1942, der Zeit also, in der Frieda und Heinrich möglicherweise dort waren. Eines davon ist ein Schreiben des Judenrats von Izbica an die Jüdische Gemeinde von Würzburg mit der Bitte um Kleidung und Lebensmittel.[335] Es gab nur 50 Gramm Brot am Tag. Wer noch etwas Verkaufbares besaß, konnte dafür bei den polnischen Bauern in der Umgebung etwas zu essen erhalten.[336]

Weitere Dokumente des Leids sind die erhalten gebliebenen Postkarten aus Izbica. Bis etwa Mitte 1942 war es erlaubt, Karten nach Hause zu schreiben, allerdings unter scharfer Zensur. Diese Karten mit den darauf angegebenen Adressen sollten den Anschein erwecken, man lebe „im Osten" den Umständen entsprechend passabel und sei gesund. Als Gerüchte über die schrecklichen Zustände und über die Vernichtungsaktionen in den Westen durchsickerten, verbot das Reichssicherheitshauptamt (RSHA) am 15. Mai jegliche Privatkorrespondenz. Postkarten aus dem Generalgouvernement wurden in Deutschland von den Poststellen abgefangen. So sind einige davon später in Archiven gelandet.[337]

Es ist anzunehmen, dass die meisten Botschaften aus dem Osten ihre Empfänger in der Heimat auch deshalb nicht erreichten, weil diese schon selbst deportiert worden waren. Durch großen Zufall sind zwei solcher Postkarten aus dem Verwandtenkreis der Familie Getreuer erhalten geblieben. Rudolf und Franziska (Fanny) Pick wurden am 25. Februar 1942 nach Theresienstadt und am 17. März mit dem Transport Ab unter den Nummern 591 und 592 nach Izbica deportiert.[338] Von dort schrieben sie vor ihrem Tod Karten an Fannys Bruder Otto Kriegler in Königgrätz, der die Karten erhalten hat. Er überlebte die Zeit des Nationalsozialismus. Die beiden mit Bleistift geschriebenen Postkarten sind heute im Besitz der Enkelin der Absender, Ruth Zadka, in Israel.

Ihre Karte vom 28. März lautet:

> Meine Liebsten!
> Wir haben zwar schon einige Male geschrieben wissen aber nicht ob Ihr es erhalten habt. Hoffentlich seid Ihr u. alle unsere Lieben

Abb. 41: Postkarte aus Izbica vom 28. März 1942

gesund und freuen wir uns auf ein Schreiben. Wenn es dir lieber Otto möglich ist schicke uns bitte 100 Zloty. Ist die liebe Anny und unsere Kinder noch zu Hause? Sie sollen sich alle gut ausstatten. Was machen Eure lieben Kinder? Wenn Du liebe Lina so gut sein willst u. uns bißl Paprika Küml [Kümmel] und Pfeffer schicken wäre ich Euch dankbar. Wir kochen uns,[339] für Kleider u[nd] Wäsche bekommt man Lebensmittel. Laßt es Euch recht recht gut gehen seid glückl[ich] daß Ihr zuhause seid. Danke und Küsse
Rudolf und Fanny

Am oberen Rand steht noch die Frage: „Wie geht es der lieben Mutter?"

Anfang April schrieben die Verschleppten:

An Alle unsere Lieben!
So viele haben schon Nachricht aus der Heimat u. wir haben doch schon so oft geschrieben u. bekommen nichts. Hoffentlich ist alles wohlauf, von den lieben Kindern hören wir auch nichts, so ist uns bange. Das Wetter ist kalt und genug Schnee. Wie geht es der lieben Mutter? Ist die liebe Anny noch in Königgrätz? Für Socken Taschentücher oder Kopftücherl bekommt man umgetauscht, wie wir hören gehen nur kl. Pakln. Um etwas Gewürz möchte ich Euch bitten. Was machen die Kinderchen? Bitte schreibt uns gleich. Wir sind gesund und grüßen und küssen Euch innigst Rudolf und Fanny

Waren Frieda und Heinrich in der gleichen Lage, hatten sie einen Monat später mit derselben Not zu kämpfen wie die Schwiegereltern ihres Neffen Paul? Wir wissen es nicht. Von ihnen kam seit ihrer „Abreise" aus Prag keine Nachricht mehr. Über ihr Schicksal bis zum Zeitpunkt ihres Todes gibt es nur Vermutungen. Auf dem Weg von Theresienstadt nach Izbica starben bereits viele Menschen an den Folgen von Aufregung, Misshandlung, Überanstrengung sowie Erschöpfung, Mangel an Nahrung, Hygiene und medizinischer Versorgung. Auch Frieda und Heinrich, gesundheitlich angeschlagen, könnten schon auf dem Weg nach Izbica gestorben sein. Wären sie dazu in der Lage gewesen, so hätten sie sicher ihren Kindern nach ihrer Abreise ein Lebenszeichen gegeben. In den chaotischen sieben Tagen ihres Aufenthalts im Sammellager in Prag und dann in Theresienstadt hatten sie offenbar keine Möglichkeit mehr, eine Nachricht zu senden, und auf dem Weg nach Izbica war dies

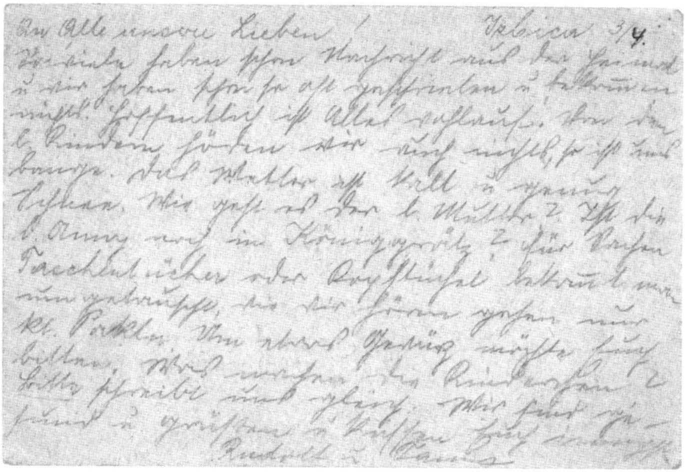

An Alle unsere Lieben! Izbica 3/4.

ABSENDER
Ältestenrat
für Rudolf Pick
Transport N. 592 a/6
in Izbica n/W
N. II/440
Kreis Krasnystaw
Distrikt Lublin
General Gouvernement

II.41.

POSTKARTE

Herrn
Otto Kriegler
Königgrätz
Prukopy 16
Protektorat Böhmen Mähr.

Abb. 42: Postkarte aus Izbica vom 3. April 1942

so gut wie ausgeschlossen. Hätten sie dennoch geschrieben, so wäre die Botschaft mit großer Wahrscheinlichkeit unterwegs verloren gegangen.

Niemand weiß genau, was nach ihrer Abfahrt von Theresienstadt mit dem Ziel Izbica mit ihnen und ihren Leidensgenossen geschah. Im Frühjahr 1942 „arbeiteten" in der Nähe von Lublin die Vernichtungslager Belzec und Sobibor. Belzec wurde am 17. März „eröffnet", Sobibor wurde am 7. oder 8. Mai 1942 „in Betrieb genommen".[340] In Belzec soll von Mitte April bis Mai und von Mitte Juni bis Juli wegen Erweiterung der Kapazität der Gaskammern das Töten unterbrochen worden sein.[341] Das Konzentrationslager Majdanek bestand seit Juli 1941 und diente als Arbeits-, Durchgangs- und Vernichtungslager.[342] Das Vernichtungslager Treblinka wurde erst Mitte 1942 fertiggestellt. Kamen Frieda und Heinrich Getreuer am 30. April in Izbica an, so müssten sie zumindest einige Tage dort zugebracht haben, bevor sie in einem der genannten Vernichtungslager in der Umgebung ermordet wurden.

Der polnische Historiker Robert Kuwalek erforscht das Schicksal der Deportierten im Kreis Lublin. Demnach fanden 1942 in Izbica fünf „Aktionen" statt. Die erste „Aktion" war am 24. März und führte nach Belzec. Damals waren Frieda und Heinrich noch in Prag. Vom 12. bis 15. Mai wurde eine „Aktion" im gesamten Kreis Krasnysław durchgeführt, die im Vernichtungslager Sobibor endete. Aus Izbica sollen 400 Personen dabei gewesen sein. Die dritte „Aktion" am 8. Juni galt vor allem alten Leuten und Kindern. Wegen einer Typhusepidemie wurden bis Oktober keine weiteren „Aktionen" durchgeführt. In der vierten „Aktion" im Oktober wurden Menschen, die gerade erst angekommen waren, in eines der Vernichtungslager gebracht.[343]

Die fünfte „Aktion" wurde am 2. November durchgeführt. Ihr fielen 1000 Menschen zum Opfer, indem sie entweder an Ort und Stelle ermordet wurden oder in ein Vernichtungslager gebracht wurden.

Es ist möglich, dass die Eheleute Getreuer Opfer der zweiten oder der dritten „Aktion" geworden sind. Zum Zeitpunkt der ersten „Aktion" waren sie noch nicht eingetroffen; die vierte „Aktion" galt Neuankömmlingen; die letzte „Aktion" dürften sie nach der Typhusepidemie kaum noch erlebt haben. Falls Heinrich und Frieda überhaupt Izbica erreichten, wurden sie vermutlich im Mai oder Juni 1942 in Belzec oder Sobibor in einer Gaskammer durch Kohlenmonoxyd ermordet.[344]

2. Die Verschollenen

Die Hiobsbotschaft

Nach dem Empfang des letzten Lebenszeichens von Heinrich und Frieda, der Postkarte vom 17. April 1942, lastete auf Maria Klopfer die schwere Aufgabe, deren Kindern die Deportation der Eltern mitzuteilen. Sie zögerte einige Tage, die Hiobsbotschaft weiterzugeben in der Hoffnung, doch noch etwas Tröstliches zu erfahren und der Nachricht beifügen zu können. Doch im Gegenteil: Elsa Anspach bestätigt – am 27. April 1942, dem Tag der Deportation der beiden von Theresienstadt nach Izbica – Maria die schreckliche Nachricht:

> Deine beiden Briefe vom 8.4. und 16.4. will ich Dir heute zusammen bestätigen. Dein großer Brief vom 1.4. kam noch rechtzeitig für Getreuers, die uns Dienstag voriger Woche verlassen haben und muss ich Dir doppelt für Deine ausführlichen Berichte danken. Das war noch einmal eine Freude für Frieda und Heinrich. Sobald ich eine Nachricht habe, werde ich es Dir wissen lassen [...] Daß uns die l. Frieda und Heinrich überall fehlen, besonders Samstag Sonntag kannst Du Dir denken [...][345]

Anfang Mai ringt sich Maria dazu durch, den Kindern die Hiobsbotschaft zu überbringen. Es tue ihr weh, schreibt sie, „wenn ich Euch sagen soll, dass die gute Frieda und ihr Mann seit 21. April übersiedelt sind".[346] Sie versucht, dieser Nachricht tröstende Worte beizufügen:

> Ich bin überzeugt, dass sie nicht weit weg kamen und dass bestimmt bald Nachricht von ihnen da sein wird [...] All meine Freunde und Bekannten, die im April verreisten, haben schon geschrieben, sie dürfen schreiben, Pakete und Geld bekommen und sie seien in

der neuen Wohngemeinde alle zufrieden. Das will ich Euch gleich melden, damit Ihr nichts gar zu Schlimmes befürchtet.[347]

Maria schließt den Brief mit den Worten:

> […] ich stelle mir vor, dass Ihr Euch jetzt tüchtig ausweinen werdet, aber dann bitte ich Euch von Herzen auch im Sinne der geliebten Eltern vernünftig zu sein. Wir alle können ja nur einmal unseren Liebsten etwas sein, wenn wir mit unserer ganzen Kraft versuchen den Tatsachen gefaßt und ergeben gegenüber zu stehen. Wir müssen gesund bleiben, schon um der lieben Menschen willen, die uns wirklich benötigen werden […] Ich hoffe mit Euch, daß alles zu einem ersehnten Wiedersehen kommen muß. Haltet Euch tapfer, Ihr habt an Euren Eltern das schönste Beispiel.[348]

Der nervlich angeschlagenen Louise, die immer noch in England ausharrt, teilt Maria in Absprache mit Rose zunächst die Deportation der Eltern noch nicht mit. Louise wohnt, als die Nachrichten über die Eltern ausbleiben, in einer Siedlung für tschechische Emigranten in London. Natürlich wird dort über die laufenden Deportationen und über die gefürchteten „Verschickungen" gesprochen. Louise gerät in Panik, als Maria keine Nachrichten mehr von den Eltern aus Prag übermittelt. Vergeblich bemüht sie sich, über das Rote Kreuz Auskunft über die Vorgänge in Prag zu erhalten. Sie schreibt „immer wieder ängstlich fragende Briefe"[349] an Maria, um zu erfahren, was mit den Eltern geschehen ist. Nun muss sich diese dazu durchringen, auch Louise die Wahrheit mitzuteilen. Über diesen nicht erhalten gebliebenen Brief berichtet Maria Klopfer Louises Geschwistern in den USA:

> […] seit Monaten bittet mich das gute Ding immer Näheres von den Eltern zu erfahren und ich habe schweren Herzens immer ausweichender und seltener an Louiserl geschrieben. Nun hat sie mir schon zweimal geschrieben, daß sie durch das rote [sic!] Kreuz in London nachfragen ließ und da könnte es doch sein, daß die arme Luisl noch viel aufgeregter wäre wenn es heißen würde, daß ihre Botschaft nicht bestellbar ist. So habe ich ihr mitgeteilt, so schonend wie möglich, daß die lieben Eltern mit vielen zusammen sind, daß sie gleichzeitig mit Löwys und deren Töchtern die Frieda sehr an die Hand gingen abgereist sind. […] Ich weiß, daß Louiserl mit in einer tschechischen Siedlung in London ist und da hört sie soviel,

> daß sie so ängstlich wurde und mich dringend um Nachricht bat. So traurig die Wahrheit ist, so bin ich sicher, daß Louiserl doch ruhiger nun ist, denn ich konnte ihr doch schon so lange nichts mehr von den lieben Eltern erzählen. Natürlich habe ich ihr auch gesagt, daß ich nichts unversucht lassen werde um etwas zu erfahren [...][350]

Maria hofft, Louise werde im Kreis tschechischer Emigranten „viele mitfühlende und vom gleichen Los getroffene Seelen"[351] finden, die ihr Halt geben.
Auch aus Shanghai kommen in diesen Monaten besorgte Anfragen von Leo Anspach und Otto Lustig: „Gerne würden wir etwas von unseren lieben Eltern und Geschwistern hören, derentwillen wir uns sehr sorgen."[352] Man höre von Verschickungen von Juden nach Polen. Maria bringt es nicht übers Herz ihnen die Wahrheit zu schreiben und greift zu der Notlüge, sie seien alle beisammen, und das sei ja nicht unwahr.[353]

Warten und Suchen: *„und hat noch niemand eine Zeile geschrieben"*[354]

Wir haben keine unmittelbaren schriftlichen Zeugnisse darüber, wie die Kinder die Nachricht vom spurlosen Verschwinden ihrer Eltern aufgenommen haben. Ihre Briefe an Maria sind nicht erhalten. Aber aus Marias Antwortbriefen geht hervor, dass sie immer besorgter um ein Lebenszeichen von den Eltern baten und Maria beschworen, deren Aufenthaltsort herauszufinden.
Zunächst richtete sich die Hoffnung, Auskunft zu erhalten, auf die in Prag zurückgebliebenen Verwandten. Die wichtigste Kontaktperson war anfangs Friedas Schwester Elsa Anspach. Auf einer Postkarte vom 4. Mai – für die Zeit ab Anfang Mai sind nur noch Karten erhalten geblieben – bestätigte Elsa nochmals die „Abreise" des Ehepaars Getreuer an einen unbekannten Ort. Sie bedauert in dieser und in den folgenden Karten, Maria noch keine Nachricht von Frieda und Heinrich geben zu können und berichtet über Einzelheiten des Aufbruchs, der anstrengend gewesen sein muss, da Frieda ja „leider an Figur ziemlich zusammengegangen"[355] sei. Die Kinder sollten das aber nicht erfahren.

Elsa Anspach rechnete selbst mit der bevorstehenden „Übersiedlung" der letzten Familienmitglieder, daher solle Maria jetzt keine Lebensmittelpäckchen mehr schicken. Von den Deportierten hat sie nichts gehört und muss immer wieder nach Genf schreiben: „Wenn ich Dir nur von Frieda und Heinrich Nachricht geben könnte, wir warten täglich auf Post."[356]
Am 15. Mai muss auch Fritz Lustig, Friedas und Elsas verwitweter Schwager, die Reise in den Tod antreten. Elsa Anspach ist mit ihren Kräften am Ende. Zittrig geworden, kann die 52-Jährige kaum noch schreiben. An ihrer Stelle berichtet ihre Tochter Trude: „Mutti ist leider in der letzten Zeit mit den Nerven sehr heruntergekommen, es ist ja auch kein Wunder. Sie sorgt sich um Tante Frieda und jetzt auch um Onkel Fritz."[357]
Maria steht nun Woche für Woche mit leeren Händen da, hat keine erlösende Botschaft für Rose, Walter und Louise. Sie beschwört die Wartenden, Geduld zu üben: „Ich weiß, daß Ihr mit Sehnsucht auf Nachricht von mir wartet"[358], schreibt sie, aber die Zeit sei noch zu kurz, um Post von den „Verreisten" erwarten zu können, sie habe aber das bestimmte Gefühl, dass sie „bald etwas von den lieben Eltern höre"[359], die Post habe „halt jetzt mehr zu tun als Privatsachen zu befördern, darum wollen wir alle guten Mutes und guter Hoffnung sein".[360] Ohne konkreten Hintergrund versucht Maria Trost zu spenden: Sie sei sicher, „dass sie sich bestimmt nicht allein fühlen"[361], denn es seien ja Verwandte mit ihnen auf die Reise gegangen. „So wird eines dem anderen die Hand reichen. [...] Euch, Ihr Lieben, sage ich nochmals, daß Eure Eltern den größten Halt daran haben, daß sie Euch alle so gut untergebracht wissen, deshalb werden sie auch mit Gotteshilfe durchhalten."[362]
Einmal – Ende Mai – scheint doch eine Nachricht aus dem Osten gekommen zu sein. Elsa schreibt darüber an Maria auf einer Postkarte: „Von Frieda und Fritz ist noch keine Post, nur von Löwys, die sind im Kreis Lublin, deren Töchter sind ja so tüchtige Arbeiterinnen dass ich froh gewesen wäre, wenn sie mit Frieda zusammen gewesen wären."[363] Die Familie Löwy soll im selben Transport gewesen sein. Die rätselhafte „Post von Löwys" enthielt aber offenbar kein Wort über Frieda und Heinrich.

Ende Juni muss Maria an „Meine liebe Rosl und alle Lieben" wieder einen dieser vagen Trostbriefe schreiben:

> Wie ein Alpdruck liegt es auf mir, dass ich noch immer keine bestimmten Nachrichten über die geliebten Eltern geben kann. Ich habe es täglich hinausgeschoben, an Euch zu schreiben, aber ich finde doch, man ist ruhiger, wenn man eine Nachricht hat.[364]

Um Tröstliches zu übermitteln, greift Maria zu purer Fantasie:

> Ich bin sicher, dass die lieben Eltern es verhältnismäßig gut haben, denn gerade der liebe Heinrich, der doch stets in der Landwirtschaft mit tätig war, wird sich schnell wieder betätigen und Frieda muss vielleicht in dem großen Gemeinschaftshaushalt mithelfen zu versorgen. Auf alle Fälle wird der Gedanken [sic!] an die geliebten Kinder fest zum Durchhalten mithelfen.[365]

Aus Prag kommt inzwischen eine Schreckensbotschaft nach der anderen. Am 20. Juni berichtet die 17-jährige Alice Epstein, die Tochter von Friedas Schwester Martha, im Auftrag ihrer Mutter nach Genf:

> Die liebe Tante Elsa hat Dir eine Karte geschrieben, die ich auf die Post geben sollte, aber die ist nicht zu finden. Teile Dir daher mit, dass lb. T[ante] Elsa heute mit Familie übersiedelt sind. Liebe Rosl, Dein Onkel Ludwig [Getreuer] und Tante Frieda [Steiner] und Mařka [Getreuer] fuhren auch mit […] Von Tante Frieda und Onkel Heinrich haben wir keine Nachricht.[366]

Martha ist nur zu einem mit unsicherer Hand angefügten Gruß fähig. Der gerade anwesende Neffe Alfred Lustig bittet noch darum, seinem Bruder Otto in Shanghai nichts von der Deportation ihres Vaters Fritz zu schreiben. Maria leitet diese Meldung an Rose weiter und muss sie noch um weitere Hiobsbotschaften ergänzen:

> […] ja, das ist noch nicht alles, ich habe noch manche Nachricht, die uns allen weh tut. So sind am gleichen Tag die lieben Abeles-Eltern[367] mit meiner Tante Klara, Onkel Simon und Onkel Moritz nach Theresienstadt abgefahren, aber ich werde alles daransetzen, um mit unseren Lieben in Verbindung zu bleiben.[368]

In fahriger Schrift beendet Maria ihren Brief mit den Sätzen:

> Ja, es ist erschütternd, dass diese armen gequälten Juden in diesem hohen Alter nicht einmal zur Ruhe kommen, aber glaubt mir, alle haben mir tapfer und voller Zuversicht geschrieben […] Ihr könnt

> Euch nicht denken, wie weh es mir ums Herz ist, soviel Leid wiederzugeben. Der Allmächtige, der alles in seiner Hand hat, möge unsere Gebete erhören und unsere geliebten Menschen, für die wir bangen, beschützen.
> Ich selber nehme meine ganze Kraft zusammen, um mit all den traurigen Gedanken fertig zu werden [...] Ich mache mir auch Gedanken, Euch so viel auf einmal geschrieben zu haben, aber ich weiß, dass viel von den Verschickungen in Euren Zeitungen steht, und dann würdet Ihr Euch noch mehr Gedanken machen. Ich halte es unserer Freundschaft zu Ehren als meine Pflicht, Euch die Wahrheit zu schreiben und bitte Euch innigst standhaft und mutig zu bleiben. Alle unsere Lieben tragen ihr Schicksal wie Helden, sie glauben an unseren Gott und dieser gibt ihnen die nötige Kraft [...][369]

Die amerikanischen Verwandten versuchten nun, zu den Gefangenen in Theresienstadt Kontakt zu bekommen. Zwei in zittriger Handschrift geschriebene, undatierte Zettel sind an „Elsa Anspach, Camp Theresienstadt, Bohemia" adressiert. Der Text des einen, von Rose Abeles geschrieben, lautet: „Habt Mut und Hoffnung, Mariele wird helfen, sagt Abeleseltern gesamte Familie ist gesund. Wo ist Trude. Wir sind alle wohlauf. Innigste Küsse Rosl"[370]

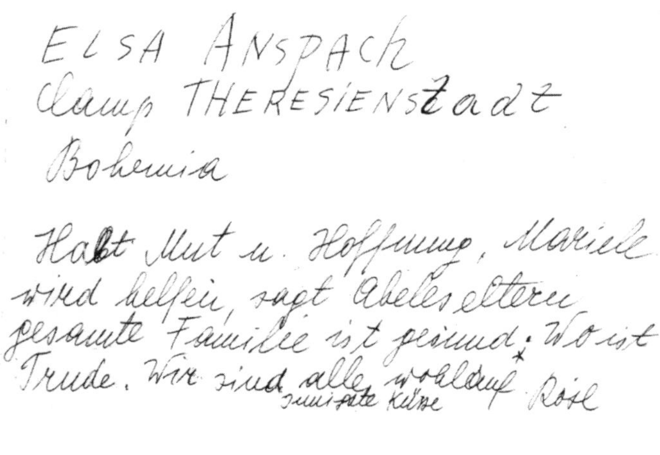
ELSA ANSPACH
Camp THERESIENStadt
Bohemia

Habt Mut u. Hoffnung, Mariele wird helfen, sagt Abeleseltern gesamte Familie ist gesund. Wo ist Trude. Wir sind alle wohlauf innigste Küsse Rosl

Abb. 43: Botschaft von Rose Abeles an ihre Tante Elsa Anspach in Theresienstadt

Der andere Zettel mit der Adresse „Theresienstadt Sudetengau CII“ ist in Englisch geschrieben. Der Schrift nach zu schließen stammt er von einer älteren Person, möglicherweise von der alten Tante Julia Samter, der Familie Abeles die Bürgschaft für ihre Einreise verdankte. Die Nachricht lautet: „Our thoughts are with you please keep well and hope. Everybody very well. All the children send you love.“[371] Wahrscheinlich wurden diese Zettel an Maria geschickt mit der Bitte, sie an die Empfänger weiterzuleiten. Da Botschaften in dieser Form nicht ins Lager Theresienstadt weitergeschickt werden konnten, blieben sie wohl in Marias Unterlagen liegen.
In Prag sind jetzt nur noch Martha, Ernst und Alice (Liesl) Epstein zurückgeblieben. Von ihnen liegen zwei handgeschriebene Postkarten an Maria vom Juli 1942 vor. Die erste Karte von Martha lautet:

> Die Karte an Elsa und die beiden an uns haben [wir] dankend erhalten. Wir haben leider noch von niemandem Nachricht und müssen nur abwarten. Tante Anna verreist auch diese Woche. Vielleicht kann Elsa die alten Abeles dort besuchen das heißt wenn sie noch dort ist. Kannst dir vorstellen, wie mir ist, da wir jetzt alle so beisammen waren.[372]

Auf der zweiten Karte schreibt Martha:

> Meine Lieben
> Deine Karte l[iebe] Mariele heute erhalten. Von Jenny hast du eine Karte bekommen. Ihre Schwester Fanni ist heute mit Familie abgereist. Außer Fredi[373] der jeden Tag bei uns ist, habe ich niemanden mehr hier. Von Frieda habe ich noch keine Nachricht. Die l[iebe] Elsa ist mit Abeles öfter beisammen.[374]

Demnach hatte Martha zu ihrer Schwester Elsa Anspach und ihrer Familie in Theresienstadt Kontakt aufnehmen können. Anfang August wurden schließlich auch Martha Epstein und ihre Tochter Alice nach Theresienstadt deportiert. Vater Ernst Epstein blieb bis Februar 1943 verschont. Bevor er Frau und Tochter ins Lager Theresienstadt folgte, versuchte auch er noch – einer der letzten aus dem Kreis um Frieda und Heinrich – Auskünfte über die verschwundenen Familienmitglieder zu erhalten. Auf einer Postkarte vom August 1942 schildert er die Situation in Prag:

> Meine Lieben!
> Gestern erhielt ich Eure liebe Karte vom 30.7. Meine Frau u[nd] Tochter sind leider seit 8 Tagen fort u[nd] bleibe ich vorl[äufig] noch einige Zeit hier. Beide hatten vor ihrer Abreise viel zu tun u[nd] soll ich an Euch und alle Verwandten Grüße bestellen. Ich hoffe mich mit ihnen bald zu treffen. Mir ist natürl[ich] sehr bange u[nd] bin auch sehr in Sorge um sie.–
> Martha und Liese sind bei Abeles u[nd] wünschte ich, sie könnten dort bleiben. Die gewünschten Adressen sind mir leider nicht bekannt u[nd] hat bisher noch niemand eine Zeile geschrieben. Fredl und Paul mit seinen Lieben sind noch hier, ansonsten habe ich noch einen Neffen mit Frau da, bei denen ich verpflegt werde.[375]

Der Neffe Alfred Lustig schreibt noch einige Grußzeilen daran und fügt hinzu: „Von Vater fehlt leider jede Nachricht."[376]
Ernst Epstein spricht in den folgenden Wochen auf seiner Suche nach den Verschollenen bei der Jüdischen Kultusgemeinde vor, erhält aber nur den Rat, sich an den „Ältesten der Juden in Theresienstadt"[377] zu wenden.
Nachdem auch Ernst Epstein im Februar 1943 „abreisen" musste, gab es für die Angehörigen der Familie Getreuer-Klauber im Ausland keinen Ansprechpartner in Prag mehr. Maria Klopfer gelang es jedoch, von der Schweiz aus zu den Familien Anspach und Epstein in Theresienstadt eine Verbindung herzustellen. Die Gefangenen durften in begrenztem Umfang Lebensmittelpakete empfangen und Postkarten schreiben. Im Rahmen der Vorschriften und nach ihren finanziellen Möglichkeiten schickte Maria Klopfer Lebensmittelpäckchen ins Lager. Brot und Ölsardinen waren als Energiespender besonders begehrt.
Maria fiel die Unterstützung der Gefangenen nicht leicht, denn sie und ihre Eltern lebten ohne eigene Einkünfte als legale Flüchtlinge in der Schweiz. Die Kosten trug der Schweizerische Israelitische Gemeindebund. In einem Brief an Rose und Walter beklagte sie, dass manche der wohlhabenden amerikanischen Verwandten sich nicht an ihrer Hilfsaktion beteiligten und sie selbst nicht genug helfen könne.[378]
Die Post aus Theresienstadt stand unter strenger Zensur. Form, Inhalt und Umfang der Korrespondenz waren genau vorgeschrie-

ben. Aber immerhin bekamen die Angehörigen im Ausland Lebenszeichen, es gab eine posttaugliche Adresse und Nachrichten darüber, welche Mitglieder der Familie sich noch – oder nicht mehr – in Theresienstadt aufhielten. Die letzte Nachricht stammt vom 2. Juli 1943. Auf einer Postkarte, versehen mit vier Zensurstempeln, mit der Absenderangabe „Martha Epstein Theresienstadt C III", schrieb Martha:

> Meine Lieben!
> Deine Karte vom 20.1. haben wir erhalten und gestern Lieses Paket, wofür wir vielmals danken. Ich hoffe Dich und Deine Lieben gesund, was ich auch von uns berichten kann. Ich wohne mit Liese beisammen. Mit Ernst bin ich täglich beisammen. Ich freue mich auf baldige Nachricht.
> Seid herzlichst gegrüßt und geküsst
> von
> Martha[379]

Der Schrift nach zu schließen hat Tochter Liese den Text geschrieben – Martha war wohl nicht in der Lage dazu. Die Karte enthält kein Wort über Frieda und Heinrich. Louise und

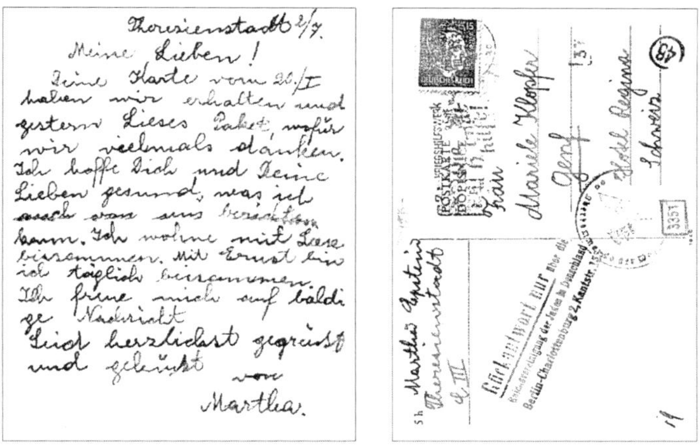
Theresienstadt 2/7.
Meine Lieben!
Deine Karte vom 20./I haben wir erhalten und gestern Lieses Paket, wofür wir vielmals danken. Ich hoffe Dich und Deine Lieben gesund, was ich auch von uns berichten kann. Ich wohne mit Liese beisammen. Mit Ernst bin ich täglich beisammen. Ich freue mich auf baldige Nachricht.
Seid herzlichst gegrüßt und geküsst
von
Martha.

Frau Mariele Klopfer
Genf
Hotel Regina
Schweiz

Martha Epstein
Theresienstadt
C III

Rückantwort nur über die Reichsvereinigung der Juden in Deutschland Berlin-Charlottenburg 2, Kantstr. 158

Abb. 44: Die letzte Nachricht aus Theresienstadt vom 2. Juli 1943

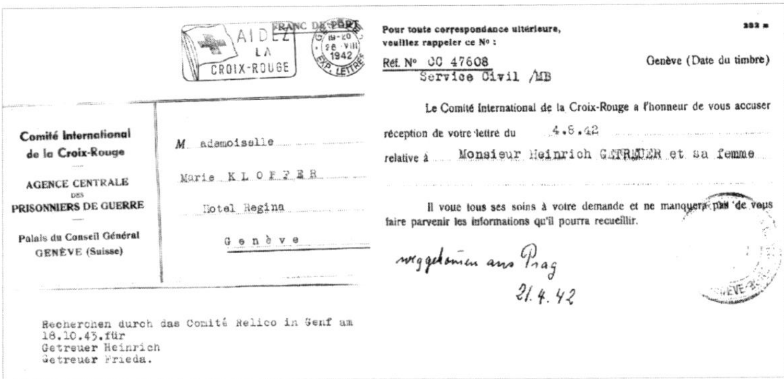

AIDEZ LA CROIX-ROUGE

FRANC DE PORT

28 VIII 1942

Pour toute correspondance ultérieure,
veuillez rappeler ce No :

Réf. No CC 47608
Service Civil /MB

Genève (Date du timbre)

Comité International de la Croix-Rouge
AGENCE CENTRALE DES PRISONNIERS DE GUERRE
Palais du Conseil Général
GENÈVE (Suisse)

Mademoiselle
Marie KLOPFER
Hotel Regina
Genève

Le Comité International de la Croix-Rouge a l'honneur de vous accuser réception de votre lettre du 4.8.42 relative à Monsieur Heinrich GETREUER et sa femme

Il voue tous ses soins à votre demande et ne manquera pas de vous faire parvenir les informations qu'il pourra recueillir.

weggekommen aus Prag
21.4.42

Recherchen durch das Comité Relico in Genf am
18.10.43.für
Getreuer Heinrich
Getreuer Frieda.

Abb. 45: Antwort des Internationalen Roten Kreuzes in Genf auf eine Suchanfrage von Maria Klopfer nach dem Verbleib von Heinrich und Frieda Getreuer vom August 1942

Rose versuchten nun über das Rote Kreuz eine Auskunft zu bekommen und Maria sprach sogar mehrmals persönlich beim Internationalen Roten Kreuz in Genf vor. Sie erhielt jedoch nur die Auskunft, es werde alles getan, „dass ich bald eine Nachricht bekomme".[380] Doch Frieda und Heinrich blieben verschollen. Bald kam auch von den Familien Anspach und Epstein kein Lebenszeichen mehr …

Die Wahrheit begreifen

Um die Mitte des Jahres 1942 muss Rose Abeles die Hoffnung aufgegeben haben, die Eltern wiederzusehen. Im Juli gab sie in einem Brief an Maria den schlimmsten Befürchtungen der Familie Ausdruck. Dieser ist nicht erhalten geblieben, aber aus Marias Antwort können wir auf seinen Inhalt schließen:

> Ja, meine liebe Rosel, ich habe mit Dir geweint, als ich Deinen wundervollen, leider so wehmütigen Brief vom 12. Juli erhalten habe. Ich habe mitgeweint aus Mitgefühl, aber keineswegs aus Hoffnungslosigkeit, denn ich habe den Glauben daß wir doch eines Tages von den geliebten Eltern Gutes hören werden.[381]

Im nächsten Satz deutet sie dennoch vorsichtig an, man müsse wohl das Unfassbare zu Ende denken:

> Ich hoffe innigst, daß Ihr Euch allmählich mit dem Gedanken die guten Eltern wo anders als bisher zu suchen, [abfindet] [...] daß Ihr das Leben doch so nehmt wie es genommen werden muß, nämlich immer so, wie es leider ist und nicht so, wie wir es uns für unsere Liebsten wünschen.[382]

In einem späteren Brief versucht sie Rose mit den folgenden Worten zu trösten: „Ich habe das Gefühl, dass es der liebe Gott doch gut noch gemeint hat und ihnen rechtzeitig viel Erdenleid erspart hat, sie wussten all ihre Kinder glücklich und das war stets ihr Trost."[383]

Ende Oktober 1942 durfte Louise zu ihren Geschwistern in die USA einreisen. Die junge Generation der Familie Getreuer war nun wiedervereint. „So wären die Kinder zufrieden, wenn nicht das ungewisse Schicksal ihrer geliebten Eltern so schwer auf ihnen lasten würde. Sie denken mit Wehmut an alle Verwandte[n]", schrieb Maria Klopfer im Frühjahr 1943 an Ernst Epstein in Prag.[384]

Der Massenmord an den Juden wurde in seinem vollen Ausmaß zur Gewissheit, als die Rote Armee ab Januar 1945 die Vernichtungslager im Osten befreite. Wenn auch die Angehörigen der Opfer längst keine Hoffnung auf ein Wiedersehen hatten, so wollten sie doch wenigstens Gewissheit über das Schicksal ihrer Verwandten erlangen. Anfang 1945 gelang es Maria Klopfer, etwas über das Los der Gefangenen in Theresienstadt zu erfahren: Unglaublicherweise durfte am 5. Februar 1945 ein Transport mit 1247 Juden das Lager verlassen und traf mit Sonderzügen am 6. Februar in der Schweiz ein.[385] Maria suchte sofort Augenzeugen auf, die ihr bestätigten, dass alle ihre eigenen Verwandten, Freunde und Bekannten entweder in Theresienstadt gestorben oder „in den Osten" gebracht worden waren, wo sie „schnell von allem erlöst"[386] wurden und „wenigstens nicht lange mehr leiden mussten"[387]. Ein Mann aus München hatte die alten Abeles getroffen; über die Familienmitglieder aus dem Kreis um Frieda und Heinrich Getreuer und über diese selbst konnte Maria nichts erfahren.[388]

Für Rose, die sie wieder und wieder beschwor, ihr die Wahrheit über das Schicksal der Eltern zu sagen, hat sie nur – teilweise unzutreffende – Vermutungen bereit:

> Ich weiß nur mit Bestimmtheit, daß sie nicht, wie sie zunächst glaubten überhaupt nach Theresienstadt gekommen sind, und nachdem es doch schon Jahre sind, dass sie Prag in irgendeiner anderen Richtung zum Transport verlassen mußten, so sehen wir doch nur die einzige Möglichkeit, daß sie Beide [sic!] in Gottes Frieden ausruhen von allem weltlichen Schmerz. Alle wir, ebenso wie Ihr wollen ihnen diese Ruhe von Herzen gönnen. Ich bin überzeugt, daß sie nicht lange mehr nach ihrer Abreise die Last eines solchen Lebens zu ertragen hatten.[389]

Im September 1945 erhielt die Familie in den USA einen Bericht ihres Cousins Paul Lustig, der mit Frau Irene und Sohn Thomas das Inferno der nationalsozialistischen Verfolgung überlebt hatte. Dadurch erfuhren Rose, Louise und Walter aus erster Hand Einzelheiten über das Schicksal einiger ihrer deportierten Verwandten. Das Los ihrer Eltern aber blieb weiterhin im Dunkeln. Paul schrieb:

> In 3 Tagen, am 12.ds, sind es gerade 3 Jahre, dass wir nach Theresienstadt deportiert wurden. Leider haben wir dort weder meinen Vater[390] noch Getreuers, Anspachs oder die Münchner Abeles angetroffen, die bereits nach Polen weitertransportiert wurden und dort wahrscheinlich umgekommen sind. Nur mit Tante Martha und Liesl waren wir bis 1943 zusammen. Onkel Epstein konnte sich in Prag, da er bei einer wirtschaftlich wichtigen Erzeugung beschäftigt war, halten. Tante und Liesl hielten sich in Theresienstadt auf Grund der so genannten Familienzerreißung, als aber dann Onkel Ernst ihnen nachkam, gingen sie alle drei nach Polen. Onkel Ernst ist als Patient bei meiner Frau im Krankenhaus gelegen. Tante Martha war als Wäscherin in der Zentralwäscherei und Liesl als Schneiderin in der Näherei beschäftigt. Sie litten oft Hunger. Von Trude Anspach wissen wir bloß, dass sie in der Landwirtschaft als Schafhirtin beschäftigt war und mit ihren Eltern freiwillig nach Polen ging. Die alten Abeles sind einige Tage vor unserem Eintreffen mit den so genannten Alterstransporten nach Polen abgegangen. Wir haben in Theresienstadt nur mehr Gretl Abeles[391] getroffen, die als Aufräumefrau im Krankenhaus beschäftigt war. Von Vaters Seite sind Onkel Rudolf und Tante Gusti in Theresienstadt gestorben, Onkel

> Ignaz und sein Sohn Josef sind nach Polen weitergegangen und nicht wieder zurückgekommen. Meine Frau hat ihre Mutter, ihre beiden Brüder und alle Geschwister sowohl ihres Vaters als ihrer Mutter mit deren Kindern verloren.[392]

Dankbar erinnert sich Paul an Marias Hilfe:

> Wir können Euch gar nicht zum Ausdruck bringen, wie sehr uns Mariele Klopfer durch ihre Pakete geholfen hat, denn sie kamen in der ärgsten Zeit, wo ganz Theresienstadt hungerte und wir waren oft nur auf ihre Hilfe angewiesen.[393]

Knapp viereinhalb Jahre nachdem Frieda und Heinrich aus Prag verschleppt worden waren, hielten Rose, Louise und Walter die schriftliche Bestätigung des Todes ihrer Eltern in den Händen. Durch den Erlass Nr. M 800/46 des Staatlichen Bezirksgerichts in Prag vom 11. August 1946 wurden Frieda und Heinrich Getreuer für tot erklärt. Als offizieller Todestag wurde der 27. Oktober 1942 festgesetzt.[394] An diesem Tag waren sechs Monate vergangen, nachdem der „Ostentransport“ Aq Theresienstadt mit dem Ziel Izbica im Bezirk Lublin verlassen hatte.

3. Die Ermordeten

Die Menschen, die Frieda und Heinrich in ihrer letzten Lebensphase begleiteten, ihre Sorgen und Hoffnungen teilten und schließlich dasselbe gewaltsame Ende fanden, haben in den erhalten gebliebenen Familiendokumenten und in Opferlisten und Häftlingsregistern Spuren hinterlassen.[395]
Die folgenden biografischen Notizen fassen noch einmal knapp zusammen, was vom Leben dieser Verfolgten und Ermordeten überliefert ist und sollen neunzehn von über 6 Millionen Opfern des Holocaust ein persönliches Denkmal setzen.

Friedrich Getreuer, * 15.03.1886
Else (Elisabeth) Getreuer geb. Fischl, * 21.01.1892
Jiří Getreuer, * 25.08.1930

Heinrichs Bruder Friedrich und seine Familie werden in den Familiendokumenten gelegentlich als Besucher in Schwanenbrückl erwähnt.
Friedrich Getreuer war 1938 im KZ Sachsenhausen bei Oranienburg unter der Häftlingsnummer 013589 inhaftiert und im Häftlingsblock 42 untergebracht.[396] Über die Dauer seiner Haft gibt die Datenbank keine Auskunft. Vermerkt ist, dass Friedrich Getreuer auf Anweisung der Politischen Abteilung des Konzentrationslagers Sachsenhausen am 20.12.1938 entlassen wurde.[397] Angaben zur Begründung seiner Haft liegen nicht vor.
Nach Angaben in der Datenbank von Yad Vashem wurde die Familie am 22. Februar 1942 mit dem Transport Y von Kladno nach Theresienstadt gebracht und von dort aus am 13. Juni 1942 an einen unbekannten Ort deportiert und ermordet.
In ihrem letzten ausführlichen Bericht vom 29. März 1942 erwähnt Frieda ihren Neffen Jiří: „Jirka, Louiserls jüngster Vetter, hat uns auch schon geschrieben, er ist in einem Kinderheim wo es ihm angeblich gut geht."[398] Jiřís Name ist in der Gedenkstätte Theresienstadt auf einer Gedenktafel für die ermordeten Kinder zu finden. Auch an einer der Wände der Pinkas-Synagoge in Prag zum Gedenken an die ermordeten Juden aus Böhmen steht sein Name. Jiří Getreuer starb als 12-Jähriger als jüngstes Opfer der Familie.

Ludwig Getreuer, * 29.01.1881
Frieda Getreuer geb. Steiner, * 10.11.1888
Marie (Mitzi) Fischer geb. Getreuer, * 21.11.1912

Heinrichs Bruder Ludwig lebte mit seiner Familie ursprünglich in Teplitz-Schönau. Ihre beiden Söhne Paul mit Ehefrau Irma

geb. Pick und Otto emigrierten am 26. November 1939 nach Palästina.[399] Die Tochter Marie Fischer lebte mit ihrem Ehemann in Brünn. Sie wurde von dort aus am 2. Dezember 1941 mit dem Transport G nach Theresienstadt gebracht. Mit dem Transport O, dem nur arbeitsfähige Juden angehörten, wurde Marie am 9. Januar 1942 nach dreitägiger Fahrt an den kältesten Tagen dieses Jahrhundertwinters nach Riga gebracht.[400] Ihr Schicksal ist unbekannt; Kälte, Zwangsarbeit oder Ermordung sind die wahrscheinlichsten Ursachen ihres Todes. Die Datenbanken von Yad Vashem nennen Marie Fischer als Opfer des Holocaust.[401]
Ludwig und Frieda Getreuer gehörten in Prag zum engen Kreis um Frieda und Heinrich und wurden am 20. Juni 1942 mit dem Transport AAe von Prag nach Theresienstadt gebracht. Dem gleichen Transport gehörten Friedas Schwester Elsa Anspach, ihr Ehemann Ludwig und ihre Tochter Trude sowie Heinrichs Schwägerin Marie („Mařenka") Getreuer an. Ludwig und Frieda wurden am 26. Oktober 1942 mit dem Transport By nach Auschwitz-Birkenau verschleppt und dort ermordet.[402]

Marie (Mařenka) Getreuer geb. Fischl, * 17.03.1885
Ludwig (Luda) Getreuer, * 01.10.1907
Hans (Jenda) Getreuer, * 1917

Marie, in der Familie Mařka oder Mařenka genannt, war die Witwe von Heinrichs ältestem Bruder Siegmund, der 1877 geboren war. Mařkas Söhne Ludwig und Hans wurden im August 1939 festgenommen und an einem unbekannten Ort inhaftiert. Am 31. Oktober 1939 wurden sie ins Konzentrationslager Sachsenhausen eingeliefert. Ludwig erhielt die Häftlingsnummer 009787, Hans wurde unter der Häftlingsnummer 009792 geführt.[403] Die Gründe für ihre Inhaftierung sind nicht bekannt. Am 2. September 1940 wurde Ludwig ins Konzentrationslager Dachau verlegt.[404] Von dort aus kam er am 17. Juni 1941 in das Konzentrationslager Groß-Rosen in Schlesien.[405] Der „jüdische Schutzhäftling" Ludwig Getreuer, „Privatangestellter", zuletzt wohnhaft Prag, Hawlíčekstraße 34,[406] kam dort ein halbes Jahr später ums Leben.[407]

Über das Schicksal seines Bruders Hans Getreuer ist nur bekannt, dass er am gleichen Tag wie Ludwig in das Konzentrationslager Sachsenhausen eingeliefert wurde. Er kehrte niemals zurück.
Mařka erhielt von ihren Söhnen gelegentlich „gute Nachrichten", das heißt Karten mit vorgeschriebenem Inhalt und Umfang zur Beruhigung der Angehörigen. Mitte des Jahres 1940 versuchte Mařka mit Hilfe der amerikanischen Verwandten ihre Söhne „auch nach Shanghai oder irgendwo andershin"[408] zu bringen und bat um Unterstützung, doch alle Bemühungen scheiterten. Sie selbst lebte als alleinstehende Witwe in dürftigen finanziellen Verhältnissen und war auf Zuwendungen eines jüdischen Hilfsfonds angewiesen.
Mařka Getreuer wurde zusammen mit Familie Anspach und dem Ehepaar Ludwig und Frieda Getreuer am 20. Juni 1942 mit dem Transport AAe nach Theresienstadt deportiert. Zwei Monate später, am 25. August 1942, brachte sie der Zug Da 224 im Transport Bc nach Maly Trostinec bei Minsk in Weißrussland, wo Mařka Getreuer und Familie Anspach ermordet wurden.[409]

Elsa Anspach geb. Klauber, * 27.02.1890
Ludwig Anspach, * 03.03.1876
Gertruda (Trude) Anspach, * 20.03.1922
Trudes unbekannter Freund

Frieda Getreuer und ihre Schwester Elsa Anspach standen sich besonders nahe. Die Familie Anspach lebte ursprünglich in Karlsbad, wo sie ein Delikatessengeschäft besaß. Anspachs waren häufig in Schwanenbrückl zu Gast. In den Prager Jahren lebte die Familie in einem „Judenhaus" in der Nähe von Frieda und Heinrich. Sie besuchten sich regelmäßig und halfen einander.
Frieda erwähnt in ihren Briefen oft ihre Nichte Trude Anspach, die mit ihrem fröhlichen Wesen alle aufheiterte. Doch das junge Mädchen litt sehr darunter, von Schulbesuch und Berufsausbildung ausgeschlossen zu sein. Sie hoffte, eines Tages ihrem Bruder Leo und dessen Cousins in die Emigration folgen zu können. Trude hatte einen Freund und träumte von Heirat. Ihre Eltern

wollten in diesen Zeiten davon nichts wissen, obwohl der junge Mann „keine schlechte Partie“[410] gewesen wäre. Eines Tages musste Trudes Freund „verreisen“. „Ich bin leider Strohwitwe geworden und habe deshalb auch genug Sorgen, wenn ich keine Nachricht habe“[411], klagte sie Maria. Trude erhielt noch zwei Karten mit dem vorgeschriebenen Inhalt, dass es ihm „soweit gut“[412] gehe. Dann kam von ihm keine Nachricht mehr. Sein Name ist nicht überliefert.
Familie Anspach wurde am 16. Juni 1942 mit dem Transport AAe nach Theresienstadt gebracht. Elsas Schwester Martha Epstein konnte ihnen schreiben, und Maria sandte aus der Schweiz Lebensmittelpäckchen. Von Trude wurde später berichtet,[413] dass sie in der Landwirtschaft als Schafhirtin arbeitete und sich freiwillig zu dem „Ostentransport“ Bc meldete, in den ihre Eltern eingereiht worden waren. Der Zug Da 224 brachte die Familie am 25. August 1942 nach Maly Trostinec bei Minsk in Weißrussland.[414]
Einige jüngere Personen sollen in Minsk zur Zwangsarbeit in der Landwirtschaft herausgeholt worden sein.[415] Möglicherweise gehörte Trude, die jung und kräftig war, zu ihnen. Den Transport mit 1000 Menschen überlebte nur einer.[416]

Martha Epstein geb. Klauber, * 03.02.1899
Ernst Epstein, * 06.06.1889
Alice (Liesl) Epstein, * 04.01.1925

Friedas jüngste Schwester Martha und ihre Familie blieben als letzte in Prag zurück. In der Neutragasse 11[417] harrte Familie Epstein aus, bis auch ihr Deportationstag kam.
Am 3. August 1942 wurde die 43-jährige Martha zusammen mit ihrer Tochter Alice mit dem Transport AAw nach Theresienstadt gebracht.[418] Dort arbeitete Martha in der Wäscherei und Liesl als Näherin.[419] Von Mutter und Tochter kamen gelegentlich Postkarten an Maria Klopfer in Genf.[420] Sie empfingen auch Lebensmittelpäckchen aus der Schweiz.[421] Trotzdem sollen sie oft Hunger gelitten haben.[422] Ernst Epstein konnte zunächst in Prag bleiben, da er in einer kriegswichtigen Funktion gearbeitet

hatte.[423] Als letzter aus dem Familienkreis „reiste“ er am 9. März 1943 mit dem Transport Cw unter der Transportnummer 61 nach Theresienstadt,[424] wo er Frau und Tochter wiederfand.[425] Die Familie arbeitete dort und konnte Post und Lebensmittelpäckchen empfangen.[426]
Am 6. September 1943 wurde Familie Epstein mit dem Transport Dm nach Auschwitz-Birkenau gebracht.[427] Dort blieb sie ein halbes Jahr und wurde in der Nacht vom 8. zum 9. März 1944 in den Gaskammern ermordet.[428] Damit war die Familie Epstein ausgelöscht. Alice wurde nur 19 Jahre alt.

Friedrich Lustig, * 09.03.1876

„Onkel Fritz“, der Witwer von Friedas Schwester Mina, gehörte bis zuletzt zum engsten Familienkreis. Früher hatte er in Pilsen gewohnt. Friedrich wurde zusammen mit einem Neffen, bei dem er zuletzt wohnte, und dessen Familie am 15. Mai 1942 mit dem Transport Au nach Theresienstadt[429] gebracht, zwei Tage später mit dem Transport Ay in die Gegend von Lublin verschleppt und entweder in Sobibor oder in Majdanek umgebracht.[430]
Fritz soll sehr traurig gewesen sein, dass er sich wegen des Reiseverbots für Juden nicht von seinem außerhalb Prags wohnenden Sohn Paul verabschieden konnte, und hinterließ noch Grüße an seinen Sohn Otto in Shanghai.[431] Einer Bemerkung seines Schwagers Ernst Epstein zufolge soll Fritz „szt [seinerzeit] von der Reise geschrieben“[432] haben. Das wäre das einzige Lebenszeichen eines Familienmitglieds nach seiner Deportation gewesen. Doch darüber ist nichts weiter bekannt.

Max Abeles, * 21.09.1865
Dora Abeles geb. Aschenbrenner, * 07.01.1867

Heinrich und Frieda standen mit Max und Dora Abeles in München, den Schwiegereltern ihrer Tochter Rose, in regelmäßigem Briefwechsel. Die Familien waren schon vor der Zeit der

Verfolgung eng verbunden gewesen; später teilten Frieda und Heinrich mit dem Ehepaar Abeles die Sorgen als verfolgte Juden und zurückgebliebene Eltern. Durch den Briefkontakt waren die beiden in den Prager Kreis einbezogen, deshalb soll an dieser Stelle auch der Familie Abeles gedacht werden.[433]

Max und Dora waren 1899 aus Chiesch (Chýše) in Böhmen nach München gezogen und gründeten dort eine Zigarren- und Tabakfabrik mit mehreren Filialgeschäften. Die Eheleute hatten sieben Söhne und eine Tochter. Nach 1933 begann eine Hetzjagd auf die jüdische Familie. Schwiegertochter Rosa geb. Katz beging 1935 Selbstmord und hinterließ zwei Kinder, den 13-jährigen Oskar und den achtjährigen Walter. Im Sommer 1938 attackierte das antisemitische Hetzblatt *Der Stürmer* Familie Abeles in einem verleumderischen Artikel (vgl. Abb. 24 auf S. 56).[434] Nach der sogenannten „Reichskristallnacht“ wurde die Firma Abeles aufgelöst. Ein Teil der Familie konnte sich in die USA retten, unter ihnen Sohn Josef mit Frau Rose geb. Getreuer und Tochter Ruth. Die anderen mussten in der Folgezeit im Rahmen der antijüdischen Maßnahmen in München von einer Zwangsunterkunft in die nächste umziehen.

Am 20. November 1941 traf die Eltern Abeles ein furchtbarer Schicksalsschlag: In der ersten Deportationswelle verloren sie ihre nicht emigrierten Söhne mit Familien, als Tausend Münchner Juden nach Kaunas in Litauen verschleppt und dort am 25. November ermordet wurden: Friedrich Abeles und seine Söhne, der 19-jährige Oskar und der 14-jährige Walter, Ernst Abeles und seine Frau Hilda Heymann mit ihrer 18-jährigen Tochter Lieselotte sowie Eugen Abeles. Das alte Ehepaar litt schwer unter dem spurlosen Verschwinden seiner Kinder und Enkel und hoffte vergeblich auf ein Lebenszeichen von ihnen.[435]

Ihr eigener Leidensweg führte Max und Dora im Februar 1942 in die „Judensiedlung“ in München-Milbertshofen, wo die Münchner Juden bis zum Weitertransport in primitiven Massenunterkünften leben mussten. Am 17. Juni 1942 wurden sie mit dem Transport II/6 nach Theresienstadt verschleppt.[436] Dort trafen sie mit Familie Anspach zusammen, die zur gleichen Zeit aus Prag dorthin gekommen war. Nach drei Monaten, am

19. September 1942, wurden Max und Dora mit dem Transport Bo im Zug Da 83 nach Treblinka deportiert, wo alle 2000 Menschen aus diesem Transport ermordet wurden.[437] Die Eltern Abeles waren 77 und 74 Jahre alt.
Zum Gedenken an die Holocaust-Opfer der Familie[438] haben Nachkommen in Israel in der Synagoge des Moshav Ein Vered eine Gedenktafel mit folgendem Wortlaut gestiftet:

> In memory of the Getreuer families who lived in cities, towns and villages in Bohemia, C.R., with their roots in the town of Libochovice who perished during the holocaust in Terezin and in extermination camps in Eastern Europe.

Abb. 46: Gedenktafel für die Holocaustopfer der Familie Getreuer in der Synagoge des Moshav Ein Vered in Israel

Dateibase der Holocaustopfer, Jüdisches Museum in Prag

Zahl der Eintragungen **24**

1 **Beiname**
2 **Name**
3 **Geburtsdatum**
4 **Letzter Wohnort vor der Deportation**
5 **Transport nach Theresienstadt (Bezeichnung, Transportnummer, Abfahrtort, Ankunftsdatum)**
6 **Transport in den Osten (Bezeichnung, Transportnummer, Abfahrtort, Abfahrtsdatum, Ziel)**
7 **Sterbeort und Sterbedatum**
8

	1	2	3	4	5	6	7	8
1	Getreuer	Bedřich	05.03.1886	Třtěno	Y, 251, Kladno, 22.02.1942	AAi, 681, Terezín, 13.06.1942, Neznámé	?, 13.06.1942	CZ
2	Getreuer	Filip	02.12.1866	Praha XI	AAp, 411, Praha, 09.07.1942		Terezín, 15.09.1942	CZ
3	Getreuer	František	08.12.1906	Praha V	J, 90, Praha, 04.12.1941	Ek, 134, Terezín, 28.09.1944, Osvětim	Dachau, 06.02.1945	CZ
4	Getreuer	Günter	11.09.1924	Ostrava I	Bm, 266, Ostrava, 30.09.1942	Bt, 930, Terezín, 05.10.1942, Treblinka		CZ
5	Getreuer	Hanuš	10.01.1917				Osvětim, 11.12.1942	CZ
6	Getreuer	Hugo	09.09.1882	Pardubice	Cg, 222, Pardubice, 09.12.1942	Dm, 3537, Terezín, 06.09.1943, Osvětim		CZ
7	Getreuer	Jindřich	23.07.1883	Praha II	Am, 809, Praha, 24.04.1942	Aq, 280, Terezín, 27.04.1942, Lublin		CZ
8	Getreuer	Jiří	25.08.1930	Třtěno	Y, 253, Kladno, 22.02.1942	AAi, 683, Terezín, 13.06.1942, Neznámé	?, 13.06.1942	CZ
9	Getreuer	Kurt	16.01.1903	Praha XIII		B, 278, Praha, 21.10.1941, Lodž		CZ
10	Getreuer	Leo	28.05.1888	Kralupy	Y, 58, Kladno, 22.02.1942	Ab, 868, Terezín, 17.03.1942, Izbica		CZ
11	Getreuer	Ludvík	29.01.1881	Praha XII	AAe, 785, Praha, 20.06.1942	By, 710, Terezín, 26.10.1942, Osvětim		CZ
12	Getreuer	Ludvík	01.10.1907				Gross Rosen, 22.12.1941	CZ
13	Getreuer	Vilém	02.01.1874	Praha II		C, 859, Praha, 26.10.1941, Lodž	Lodž, 18.04.1942	CZ
14	Getreuerová	Aloisie	02.02.1873	Praha XI	AAp, 410, Praha, 09.07.1942	Bw, 316, Terezín, 19.10.1942, Treblinka		CZ
15	Getreuerová	Alžběta	21.01.1892	Třtěno	Y, 252, Kladno, 22.02.1942	AAi, 682, Terezín, 13.06.1942, Neznámé	?, 13.06.1942	CZ
16	Getreuerová	Bedřiška	10.11.1888	Praha XII	AAe, 784, Praha, 20.06.1942	By, 709, Terezín, 26.10.1942, Osvětim		CZ
17	Getreuerová	Bedřiška	30.01.1885	Praha II	Am, 810, Praha, 24.04.1942	Aq, 281, Terezín, 27.04.1942, Lublin		CZ
18	Getreuerová	Eliška	11.04.1864	Praha X	AAp, 412, Praha, 09.07.1942	Bw, 351, Terezín, 19.10.1942, Treblinka		CZ
19	Getreuerová	Eliška	10.02.1892	Praha II	AAw, 67, Praha, 03.08.1942	Bb, 418, Terezín, 20.08.1942, Riga		CZ
20	Getreuerová	Marie	17.03.1885	Praha XI	AAe, 783, Praha, 20.06.1942	Bc, 211, Terezín, 25.08.1942, Malý Trostinec		CZ
21	Getreuerová	Regina	19.02.1898	Ostrava I	Bm, 265, Ostrava, 30.09.1942	Bt, 928, Terezín, 05.10.1942, Treblinka		CZ
22	Getreuerová	Růžena	17.03.1882	Praha II	AAp, 715, Praha, 09.07.1942		Terezín, 27.09.1942	CZ
23	Getreuerová	Selma	14.02.1893	Kralupy	Y, 59, Kladno, 22.02.1942	Ab, 869, Terezín, 17.03.1942, Izbica		CZ
24	Getreuerová	Selma	16.10.1892	Pardubice	Cg, 223, Pardubice, 09.12.1942	Dm, 3538, Terezín, 06.09.1943, Osvětim		CZ

Abb. 47: Holocaustopfer mit dem Namen Getreuer in der Datenbank des Jüdischen Museums Prag

Epilog
Neue Lebenslinien: Überlebende und Nachkommen

Aus dem Prager Kreis um Frieda und Heinrich überlebten in Hitlers Machtbereich nur vier Personen: Paul Lustig mit seiner Frau Irene und Sohn Thomas und sein Bruder Dr. Alfred Lustig. Paul und Alfred waren Neffen von Frieda Getreuer. Sie gehören zu den „ganz wenigen Ausnahmen, die durch Zufall, Glück und alle möglichen Umstände gerettet wurden“[439], wie Paul nach Kriegsende schrieb.

Am 12. September 1942 war die Familie nach Theresienstadt gebracht worden. Irene Lustig verdankte ihr Leben und das ihres Sohnes dem Umstand, dass sie als Krankenschwester im dortigen Krankenhaus arbeitete.[440] Paul Lustig konnte bis Oktober 1944 bei seiner Familie bleiben, dann wurde er nach Auschwitz geschickt. Er überlebte mehrere Arbeitslager, konnte schließlich fliehen und meldete sich zur tschechoslowakischen Exilarmee im Verband der Roten Armee. In deren Reihen war Paul Lustig Ende Mai 1945 an der Befreiung des Konzentrationslagers Theresienstadt beteiligt. Wie durch ein Wunder traf er dort seine Frau und seinen Sohn wieder. Die Familie baute sich in der Tschechoslowakei eine neue Existenz auf, hatte jedoch nach der kommunistischen Machtübernahme 1948 unter den politischen Verhältnissen zu leiden. Pauls Sohn Thomas und sein nach dem Krieg geborener Bruder Petr verließen nach 1968 das Land und fassten schließlich in den USA Fuß.[441]

Pauls Bruder Alfred, ein Arzt, war im Oktober 1942 vor der drohenden Deportation in die Slowakei geflüchtet, hatte sich Partisanen angeschlossen und in den Wäldern verborgen überlebt. Auch er kämpfte bei Kriegsende in der Roten Armee. Die Brüder gaben während des Krieges ihren deutschen Namen Lustig auf und nahmen den Familiennamen „Lenda“ an, den die Familie seither führt. Alfred Lenda setzte in Prag seine Tätigkeit als Arzt fort, die er während der nationalsozialistischen Herrschaft hatte aufgeben müssen.

Aus dem Geschwisterkreis von Frieda und Heinrich gelang nur Heinrichs Bruder Adolf und seiner Frau Lina, die in Wien wohnten, die Emigration. Sie zogen rechtzeitig zu ihrer Tochter Trude in England. Deren Kinder und Enkel leben heute in den USA. Adolf Getreuers Söhne Herbert (später Josef) und Rudolf (später Jakob) emigrierten nach dem „Anschluss" Österreichs nach Palästina und begründeten dort den großen israelischen Zweig der Familie. Dem ältesten Sohn Victor gelang es als Arzt, sich dem Zugriff des Hitlerregimes zu entziehen. Seine Familie lebt in Wien.

Die Prager Familienangehörigen, die 1939 und Anfang 1940 noch emigrieren konnten, gelangten nach Palästina, in die USA und nach Kanada.

Heinrichs Neffen Paul und Otto Getreuer, Kinder seines Bruders Ludwig, flohen mit ihren Ehefrauen nach Palästina. Pauls Tochter Ruth lebt mit ihren Kindern und Enkeln in Israel. Otto blieb kinderlos und starb 1984 in Israel.

Die drei Cousins Leo Anspach, Otto Lustig und Walter Getreuer, die nach Shanghai entkommen waren, erhielten nach einer Wartezeit die Einreisegenehmigung in die USA. Leo lebte von da an in San Francisco, wo seine beiden Kinder Leonard und Beverly noch heute wohnen. Otto Lustig ließ sich in Toronto, Kanada, nieder.

Friedas und Heinrichs Kinder waren ab Oktober 1942 wieder vereint, nachdem auch Louise in die USA einwandern durfte. Die drei ehemaligen Schwanenbrückler wohnten lange Zeit gemeinsam in einem Haus und blieben ihr Leben lang eng verbunden. Der Aufbau einer gesicherten Existenz war für alle drei mühsam und langwierig. Rose und Josef Abeles arbeiteten zunächst als Hausangestellte, später in einer Textilfabrik im kaufmännischen Bereich. Rose erwarb in späteren Jahren noch ein High-School-Diplom.

Ihre Tochter Ruth absolvierte ein Lehramtsstudium. Sie heiratete sehr jung den Physiker Lawrence Horwitz und bekam drei Kinder. In den 70er Jahren zog sie mit ihrem Mann nach Israel und holte nach dem Tod ihres Vaters Josef Abeles ihre Mutter zu sich. Rose starb im Jahr 2000. Ruth hat eine große Familie in den USA und in Israel.

Louise heiratete 1944 Richard Gutman und brachte mit 36 Jahren ihren Sohn James zur Welt. Sie starb 1984 nach einem arbeitsreichen Leben als Näherin und Schneiderin. James und seine Familie leben in den USA.
Walter diente während des Krieges in der U.S. Navy und heiratete 1944 die aus Deutschland stammende Rosemarie Goetz. Die beiden bekamen vier Kinder: Robert, William, Thomas und Susan. Sein Medizinstudium konnte Walter zu seinem großen Kummer nicht zu Ende führen – er wurde Zahnarzt. 1978 starb er. Seine Kinder und Enkel leben in den USA.
Die Schwanenbrückler Kinder wurden Amerikaner, aber ihre böhmischen Wurzeln blieben erhalten. Auch ihren deutschen Namen änderten sie nicht, obwohl noch zu Lebzeiten der Eltern darüber diskutiert wurde und Heinrich seinen Segen dazu gegeben hatte. Die Erinnerung an die glücklichen Jahre in ihrem böhmischen Dorf bewahrten sie bis an ihr Lebensende.[442]
Walter und Rose standen nach dem Krieg mit früheren Schwanenbrücklern in Verbindung; Walter soll sogar die Absicht gehabt haben, seine frühere Heimat zu besuchen. Friedas und Heinrichs Enkel tauschten zu Ostern und zu Weihnachten Grüße mit dem „Ortsbetreuer“ von Schwanenbrückl bis zu seinem Tod im Jahr 2014 aus.[443]
Trotz der Verbundenheit mit der alten Heimat lehrten Walter, Rose und Louise ihre Kinder die deutsche Sprache nicht. Sie selbst sprachen seit dem Krieg untereinander Englisch. Es ist, als ob sie eine Barriere errichten wollten zwischen den schrecklichen Jahren in ihrer Vergangenheit und der Gegenwart, in der sie mit ihren Kindern lebten. Dazu erzählen Walters Söhne, der Vater habe einmal mit dem Gedanken gespielt, einen Volkswagen zu kaufen, diese Idee aber mit der Begründung fallen gelassen, er könne doch kein deutsches Auto fahren.[444]
Die Älteren sprachen mit der jungen Generation kaum über die Geschehnisse der Vergangenheit. „They did not talk to me about this […] I grew up happy“[445], berichtet Ruth Horwitz, Rose Getreuers Tochter. Trotzdem spürten die Jungen die Last auf den Schultern der Eltern. Die Enkel der Getöteten erzählen, wie sehr das Schicksal der Ermordeten die drei Geschwister belastete:

> For all three children it was a difficult time [...] all three of them were dealing with it in a different way [...] Rose was the strongest, she could persevere. Louisl and my father were both hit by these events and it definitely changed their lives.[446]

Sie bedrückte das Schuldgefühl, ihre Eltern in Prag zurückgelassen zu haben und der Schmerz darüber, dass es ihnen nicht gelungen war, sie zu retten. Alpträume und Depressionen überschatteten ihr weiteres Leben. „My mother suffered a great deal and was always rather tense“[447], erinnert sich Ruth Horwitz. Und Irene Lustig wünschte sich in einem Brief kurz nach Kriegsende: „Wenn man nur das Denken ausschalten könnte.“[448] Die „Trostlosigkeit der Seelen“, wie es Maria Klopfer einmal formulierte,[449] wich nie mehr von ihnen.

Frieda und Heinrich wären glücklich gewesen über ihre große Nachkommenschaft. Sie hätten sich an sechs Enkelkindern erfreuen können und vielleicht noch die Geburt der ältesten ihrer Urenkel erlebt. Die Ermordeten verstummten, aber ihre Nachfahren haben eine Stimme. Ihre Enkelin Ruth Horwitz schrieb 2011 in einem Brief:

> I have three children and nine grandchildren –
> our answer to Hitler's desire to annihilate us.[450]

Quellenangaben und Anmerkungen

Vorwort

[1] Die geographische Ausdehnung des als Böhmerwald bezeichneten Gebietes ist umstritten – in diesem Buch wird der Begriff Böhmerwald auch für die Gegend um Bischofteinitz verwendet, da sich die Familie Getreuer auch selbst als Böhmerwäldler bezeichnete.
[2] Doerry, Martin: *„Mein verwundetes Herz". Das Leben der Lilli Jahn 1900-1944.* Stuttgart 2002, S. 12.

Prolog

[3] Tagebuch Joseph Goebbels, Eintrag vom 18. September 1938, zitiert nach *Der Spiegel* 29/1992. Online verfügbar unter http://www.spiegel.de/spiegel/print/d-9281546.html (zuletzt aufgerufen am 02.08.2014).
[4] Vgl. Osterloh, Jörg: *Nationalsozialistische Judenverfolgung im Reichsgau Sudetenland 1938-1945.* München 2006, S. 12-18.
[5] Zitiert nach Osterloh 2006, S. 168.
[6] Vgl. Wlaschek, Rudolf M.: *Juden in Böhmen.* München [2]1997, S. 102; Osterloh 2006, S. 50f.

I Im Böhmerwald zu Hause

1. Das untergegangene Dorf

[7] Vor jedem der drei Hauptkapitel steht ein Aphorismus aus Gedichten von Andreas Gryphius (1616-1664), der in seinem dichterischen Werk Not und Leid, Angst und Hilflosigkeit der Menschen im Dreißigjährigen Krieg schilderte. Mit diesen Zitaten soll keineswegs der Holocaust mit dem Dreißigjährigen Krieg gleichgesetzt und dadurch relativiert werden, denn ersterer steht in der Geschichte einzigartig da. Doch die dreihundert Jahre alten Verszeilen erinnern daran, dass grausames politisches Handeln immer den einzelnen Menschen leiden lässt – unabhängig von den Zeit- und Lebensumständen und von der Anzahl der Schicksalsgenossen.
[8] Besuch der Verfasserin am Standort des früheren Dorfes im Mai 2010.

[9] Vgl. Procházka, Zdeněk: *Auf den Spuren der verschwundenen Dörfer des Böhmischen Waldes. Tauser Teil*, o. O. und o.J.
[10] Bericht von Franz Richter, Rottendorf, früher Schwanenbrückl.
[11] Zdeněk Flídr bei den Dreharbeiten zu dem Dokumentarfilm *Osudy židovského obyvatelstva na Šumavě a v Bavorském lese.* ZF Film Prag 2013/2014.

2. Schwanenbrückl

[12] Micko, Johann: *Geschichte der nach Muttersdorf eingepfarrten Gemeinden Schwanenbrückl, Altgramatin, Wasserau und Gorschin.* Muttersdorf 1924, S. 5. Nach den Angaben von Procházka in *Auf den Spuren der verschwundenen Dörfer des Böhmischen Waldes. Tauser Teil* lebten 1930 in Schwanenbrückl 225 Deutsche und 5 Juden in 30 Häusern. Ende der 30er Jahre lag die Einwohnerzahl durch Eingemeindung von Nachbardörfern bei mehr als 700; vgl. die Homepage des Heimatkreises Bischofteinitz e.V.: http://www.bischofteinitz.de/orte/schwanenbrueckl.htm (zuletzt aufgerufen am 30.05.2014).
[13] Nach mündlichen Berichten von Franz Richter, Rottendorf, sowie Josef und Franz Spörl, Miltenberg, alle früher Schwanenbrückl, 2013.

3. Familie Getreuer

[14] Micko, Johann: Geschichte der Juden in Muttersdorf. In: Gold, Hugo (Hg.): *Die Juden und Judengemeinden in Vergangenheit und Gegenwart.* Brünn 1934, S. 405-407, hier S. 405.
[15] Wahrscheinlich wurde der Stammbaum von Josef Abeles nach dem Zweiten Weltkrieg in den USA zusammengestellt.
[16] Vgl. Micko 1924, S. 15.
[17] Vgl. ebd., S. 12.
[18] Seine Ehefrau Franziska, die auch seine Cousine war, stammte aus München. Dort verkaufte ihre Mutter Rosa von einem Karren aus handgearbeitete Spitzen, möglicherweise aus ihrer Heimat, dem Böhmerwald. 1859 gründete sie das „Spitzenhaus Rosa Klauber", das sich zu einem eleganten Wäschehaus entwickelte und sogar zu den Hoflieferanten gehörte. Das Geschäft bestand bis 1938. Die Besitzer emigrierten in die USA, wo das Unternehmen 1943 wiedergegründet wurde. Heute besteht es in der sechsten Generation und stellt unter dem Namen Klauber Brothers industriell Spitzen her. Vgl. Klauber, Maya: *Klauber Brothers. Six Generations of Luck and Lace.*

Online verfügbar unter http://blog.hankypanky.com/klauber-history/ (zuletzt aufgerufen am 24.07.2014).

[19] Aus den Entschädigungsansprüchen von Rose Abeles und Louise Gutman an die *Foreign Claims Settlement Commission of the United States* vom 21.12.1959, Maschinenschrift, private Quelle.

[20] Nach mündlichen Berichten von Maria Kisskalt geb. Bauer, Nürnberg, Franz Richter, Rottendorf, sowie Josef und Franz Spörl, Miltenberg; alle früher Schwanenbrückl, 2010.

[21] Vgl. die Jugenderinnerungen seiner Tochter Rose Abeles geb. Getreuer: *Memories of my Childhood in a Village in the Bohemian Forest.* Maschinenschrift, private Quelle.

[22] Vgl. ebd.

[23] Kopie im Besitz von Thomas Lenda, USA, privat.

[24] Tagebuch Walter Getreuer, Eintrag vom 31.07.1937.

[25] Tagebuch Walter Getreuer, z.B. Eintragungen vom 12.05.1936, 09.08.1937, 05.10.1937.

[26] Mündliche Berichte von Franz Richter, Franz und Josef Spörl, Maria Kisskalt geb. Bauer.

[27] Maria Kisskalt geb. Bauer, in einem Telefongespräch mit der Autorin, 2011.

[28] Vgl. Planskizze von Schwanenbrückl nach einem Plan von Johann Hauer und Franz Richter; „Hut" war wohl der mundartliche Begriff für Weide.

[29] Eingesehen im Mai 2012 im Bezirksarchiv Horšovský Týn (Bischofteinitz).

[30] Schreiben des Regierungspräsidenten von Köln an Dr. Walter Getreuer vom 13.12.1977, S. 2 als Antwort auf Walters Antrag auf „Feststellung der Vertriebeneneigenschaft", Maschinenschrift, private Quelle.

[31] Tagebuch Walter Getreuer, Eintrag vom 24.12.1937.

[32] Tagebuch Walter Getreuer, Eintrag vom 27.11.1938.

4. Kindheitserinnerungen

[33] Lebenserinnerungen von Louise Gutman geb. Getreuer, handschriftlich, privat; Rose Abeles geb. Getreuer: *Memories of my Childhood in a Village in the Bohemian Forest.* Maschinenschrift, private Quelle. Louises Lebenserinnerungen sowie die ausgewählten Passagen aus Roses Artikeln wurden von der Autorin aus dem Englischen übersetzt. Auch die Zwischenüberschriften sind Zusätze der Autorin.

[34] Die Kinder beeilten sich, denn nach einer alten Erzählung soll ein Geist alle Kinder geholt haben, die abends nach dem Läuten einer Glocke noch nicht zu Hause waren. Die Glocke soll jetzt in der Kirche von Muttersdorf hängen. Bericht von Franz Richter, 2013.
[35] Johann Domeier aus Waier, Oberlehrer seit 1910; nach Micko 1924, S. 13.
[36] Nach Auskunft von Franz Richter, Rottendorf.
[37] Laut Auskunft des Ortsbetreuers Franz Richter war Theresia Zeug kein Bettlerkind, sondern stammte aus einer kinderreichen, armen Familie.
[38] Otto Lustig, der später mit Walter nach Shanghai emigrierte.
[39] Friedrich (Fritz) Lustig, Ehemann von Friedas Schwester Mina.
[40] Offenbar ein Irrtum; es muss sich um Heinrichs Geburtsort Vojnice (Groß-Wunitz) handeln.
[41] Offenbar ein Irrtum; die Feuerwehr wurde 1912 gegründet.

II Auf Nachricht warten

1. Entwurzelt und zerrissen

Die Flucht

[42] Tagebuch Walter Getreuer, nachträglicher Eintrag vom 27.11.1938.
[43] Tagebuch Walter Getreuer, Eintrag vom 12.05.1936.
[44] Tagebuch Walter Getreuer, Eintrag vom 09.08.1937.
[45] Ebd.
[46] Sicherlich hatte aber bereits der „Anschluss“ Österreichs an das Deutsche Reich im März 1938 auch die Juden im Sudetenland beunruhigt, denn Hitlers Ziel, alle Deutschen in seinem Reich zu vereinigen, enthielt auch die „Lösung der sudetendeutschen Frage“, d.h. den „Anschluss“ des Sudetenlandes. Am Schicksal zweier Wiener Neffen mag der Schwanenbrückler Familie bewusst geworden sein, was es für Juden bedeutete, sich plötzlich in Hitlers Machtbereich zu befinden: Herbert (Josef) und Rudolf (Jakob) Getreuer, 19 und 20 Jahre alt, wanderten sofort nach dem „Anschluss“ Österreichs von Wien nach Palästina aus.
[47] Tagebuch Walter Getreuer, Eintrag vom 27.11.1938; gemeint sind Großbritannien und Frankreich, Garantiemächte der Tschechoslowakei.
[48] Ebd.

[49] Ludwig Anspach, seine Frau Elsa und ihre Kinder Leo und Trude Anspach. Elsa war eine Schwester von Frieda Getreuer.
[50] Tagebuch Walter Getreuer, Eintrag vom 27.11.1938.
[51] Ebd.
[52] Lebenserinnerungen von Louise Gutman geb. Getreuer, S. 16f.
[53] Tagebuch Walter Getreuer, nachträglicher Eintrag vom 27.11.1938.
[54] Ebd.
[55] Franz Spörl, Hausname Putza (nicht Buzer), damals 12-jährig.
[56] Mundartlich: „Es ist schade um Euch."
[57] Tagebuch Walter Getreuer, Eintrag vom 27.11.1938.
[58] Mundartlich: „höre ich".
[59] Mundartlich: „dass ich mich fortbewegen kann".
[60] Die jüdischen Feiertage im Herbst: Rosch ha-Schana (Neujahrsfest), Jom Kippur (Versöhnungstag) und Sukkot (Laubhüttenfest).
[61] Tochter Else, die im April 1937 gestorben war.
[62] Frieda o. D. mit handschriftlichem Vermerk in anderer Schrift: 1938. Die Briefe werden möglichst mit Verfasser, Adressat und Datum zitiert. Auf die Nennung des Adressaten wurde verzichtet, wenn die Anrede keiner bestimmten Person zugeordnet werden kann, sondern „Meine Lieben" oder so ähnlich lautet. In diesen Fällen wird möglichst im Text auf den oder die Empfänger verwiesen, da sie oft aus dem Brieftext erschließbar sind.

Zukunft gesucht

[63] Lebenserinnerungen von Louise Gutman geb. Getreuer, S. 19.
[64] Tagebuch Walter Getreuer, Eintrag vom 27.11.1938.
[65] *Der Stürmer* Juni 1938, Bayerische Staatsbibliothek München, Mikrofilm R 6146-5, Mediennummer 36602451560016.
[66] Erwin Beneš an Familie Abeles am 14.04.1946.
[67] An der Deutschen Universität in Prag hatten sich seit den Jahren nach dem Ersten Weltkrieg antisemitische Gruppierungen etabliert und waren zu Einfluss gelangt. Vgl. Osterloh 2006, S. 127.
[68] Frieda Getreuer am 04.11.1939.
[69] Dokument im Besitz der Söhne William und Thomas Getreuer, USA; privat.
[70] Tagebuch Walter Getreuer, Eintrag vom 27.11.1938.
[71] Ebd.
[72] Bericht der beiden Söhne William und Thomas Getreuer im Gespräch mit der Autorin, Mai 2012.

[73] Lebenserinnerungen von Louise Gutman geb. Getreuer, S. 20.
[74] Ebd.

Die Trennung: *„mit Grauen denken wir an den Abschied"*

[75] Lebenserinnerungen von Louise Gutman geb. Getreuer, S. 19.
[76] Ebd., S. 20.
[77] Ebd., S. 22.
[78] Ebd., S. 25.
[79] Walter Getreuer am 20.10.1939.
[80] Mit „Gestapobrief" ist ein polizeiliches Führungszeugnis gemeint, das Emigranten vor ihrer Ausreise aus Deutschland vorlegen mussten.
[81] Louise Getreuer an Rose Abeles o. D. [Mitte 1940].
[82] Lebenserinnerungen von Louise Gutman geb. Getreuer, S. 27.
[83] Heinrich Getreuer an Familie Abeles 07.08.1939.
[84] Bericht von Ruth Horwitz in einem Brief an die Autorin vom 02.07.2013.
[85] Heinrich Getreuer an Familie Abeles am 07.08.1939.
[86] Walter Getreuer an Familie Abeles am 06.12.1939.
[87] Walter Getreuer an Familie Abeles am 30.08.1939.
[88] Tagebuch Walter Getreuer, Eintrag vom 20.03.1937.
[89] Walter Getreuer an Familie Abeles am 06.12.1939.
[90] Frieda Getreuer am 28.10.1939.
[91] Frieda Getreuer an Maria Klopfer am 25.11.1939.
[92] Heinrich Getreuer am 06.12.1939.
[93] Ebd.
[94] Louise Getreuer an Familie Abeles am 07.01.1940.
[95] Frieda Getreuer an Maria Klopfer am 25.11.1939.
[96] Louise Getreuer an Familie Abeles am 28.02.1940.
[97] Walter Getreuer am 27.02.1940.
[98] Die Ausreise aus dem Deutschen Reich scheint komplikationslos verlaufen zu sein; von Schikanen an der Grenze erwähnt er nichts. Vgl. dagegen Kaplan, Vivian Jeanette: *Von Wien nach Shanghai. Die Flucht einer jüdischen Familie.* München 2005, S. 105-107; sowie Heppner, Ernest G.: *Fluchtort Shanghai. Erinnerungen 1938-1948.* Berlin 2001, S. 57.
[99] Walter Getreuer am 07.03.1940.
[100] Walter Getreuer am 27.02.1940.
[101] Thomas und William Getreuer im Gespräch mit der Autorin im Mai 2012.
[102] Heinrich Getreuer am 06.12.1939.

2. Leben auf Abruf

Post erhalten: *„der einzige Freudenstrahl in dieser schweren Zeit"*

[103] Frieda Getreuer in einem Zusatz zu einem Brief ihrer Schwester Elsa an Familie Abeles, o. D., wahrscheinlich Anfang 1940.
[104] Elsa Anspach an Maria Klopfer am 13.11.1941.
[105] Amtsblatt des Verkehrsministeriums für den Bereich der Protektoratspost Böhmen und Mähren vom 08.09.1938, eingesehen im Postmuseum Prag.
[106] Lebenserinnerungen von Louise Gutman geb. Getreuer, S. 28.
[107] Amtsblatt des Verkehrsministeriums für den Bereich der Protektoratspost Böhmen und Mähren vom 20.07.1940, eingesehen im Postmuseum Prag.
[108] Maria Klopfer o. D., wahrscheinlich Januar 1942.
[109] Amtsblatt des Verkehrsministeriums für den Bereich der Protektoratspost Böhmen und Mähren vom 20.07.1940, eingesehen im Postmuseum Prag.
[110] In den Briefen aus Prag von 1940 und 1941 sind normalerweise keine Prüfstempel zu finden. Vermutlich wurde jedoch die Post von Emigranten kurz vor deren Ausreise speziell kontrolliert. Auch die letzte Postkarte von Frieda und Heinrich Getreuer vom 17.04.1942 trägt einen Zensurstempel, ebenso ist dies bei den nachfolgenden Postkarten der in Prag zurückgebliebenen Verwandten der Fall.
[111] Amtsblatt des Verkehrsministeriums für den Bereich der Protektoratspost Böhmen und Mähren vom 20.07.1940, eingesehen im Postmuseum Prag; sowie Beneš, František/Patricia Tosňerová: *Die Post im Ghetto Theresienstadt 1941-1945.* Prag 1996, S. 28ff.
[112] Neben den Schriftstücken von Frieda und Heinrich enthält die Korrespondenzsammlung mehrere Dutzend Briefe und Karten aus dem Verwandten- und Bekanntenkreis, die das Bild vom Leben der Verfolgten ergänzen und vertiefen.
[113] Frieda Getreuer am 28.10.1939.
[114] Ebd.

Die „Judengesetze"

[115] Vgl. Wlaschek ^{2}1997, S. 108ff.
[116] Ebd.
[117] *Jüdisches Nachrichtenblatt* vom Oktober 1941, Archiv des Jüdischen

Museums Prag, Archivnummer DP inv. č 2 (1941-43).
[118] Jüdisches Museum Prag, Archivnummer DP i. č. 20a-4.
[119] Alle Angaben aus *Jüdisches Nachrichtenblatt,* Archiv des Jüdischen Museums Prag, Archivnummer DP inv. č 2 (1941-43).
[120] *Jüdisches Nachrichtenblatt* vom 13.09.1940, Beilage 44, Archiv des Jüdischen Museums Prag, Archivnummer DP inv. č 2 (1941-43).
[121] Verordnung vom 18.10.1941.
[122] Verordnung vom 08.01.1942.
[123] Zuschrift des Ministeriums für Wirtschaft und Arbeit Nr. 13. 399 42 - I/D vom 31.01.1942, *Jüdisches Nachrichtenblatt,* Archiv des Jüdischen Museums Prag.
[124] Heinrich Getreuer am 21.01.1941.
[125] Frieda Getreuer am 10.09.1941.
[126] Ebd.
[127] Frieda Getreuer am 08.02.1942.
[128] Frieda Getreuer am 10.05.1940.
[129] Leo Anspach am 18.11.1940.

Unter der „*Last eines solchen Lebens*"

[130] Maria Klopfer an Familie Abeles am 15.03.1945.
[131] Walter Getreuer am 27.02.1940.
[132] Ebd.
[133] Walter Getreuer am 07.03.1940.
[134] Walter Getreuer an Louise Getreuer am 18.03.1940.
[135] Ebd.
[136] Heinrich Getreuer am 09.10.1939.
[137] Heinrich Getreuer am 11.06.1940.
[138] Nach mündlicher Auskunft der ehemaligen Schwanenbrückler Mitbürger Josef und Franz Spörl wurde das Geschäft nach kurzer Zeit aufgelöst und nicht weitergeführt.
[139] Treuhandstelle des Reichsprotektors, Verordnung vom 28.01.1940: „Jeder Jude darf für sich und seine Familienangehörigen wöchentlich 1500 Kronen abheben." Archiv des Jüdischen Museums Prag, Archivnummer DP inv. i. 22/1-13 Treuhandstelle.
[140] Heinrich Getreuer am 13.05.1940.
[141] Frieda Getreuer am 04.11.1939.
[142] Frieda Getreuer am 09.10.1939.
[143] Frieda Getreuer an Louise Getreuer am 04.11.1939.
[144] Ebd.

[145] Frieda Getreuer am 09.10.1939.
[146] Frieda Getreuer am 28.01.1939.
[147] Frieda Getreuer an Louise Getreuer am 04.11.1939.
[148] Ebd.
[149] Frieda Getreuer am 20.10.1939.
[150] Mundartlich für „Töpfchen"; Frieda Getreuer an Maria Klopfer am 17.04.1940.
[151] Frieda Getreuer an Maria Klopfer und Louise Getreuer am 28.10.1940.
[152] Frieda Getreuer an Maria Klopfer am 25.11.1939.
[153] Frieda Getreuer am 27.10.1940.
[154] Frieda Getreuer am 28.01.1939.
[155] Frieda Getreuer am 24.12.1940.
[156] Frieda Getreuer am 18.11.1940.
[157] Frieda Getreuer an Walter Getreuer am 20.05.1941.
[158] Maria Klopfer an Rose Abeles am 02.03.1940.
[159] Frieda Getreuer an Louise Getreuer am 04.11.1939.
[160] Heinrich Getreuer am 21.01.1941.
[161] Elsa Anspach an ihren Sohn Leo in Shanghai, o. D. [1940].
[162] Friedas gesundheitliche Probleme werden in vielen Briefen erwähnt, z.B. Frieda Getreuer o. D. [Sommer 1940], Frieda Getreuer an Walter Getreuer am 11.06.1940, Frieda Getreuer am 10.09.1940, Elsa Anspach an Familie Abeles am 22.10.1940.
[163] Frieda Getreuer an Louise Getreuer am 20.10.1939.
[164] Heinrich Getreuer am 11.11.1939.
[165] Ebd.
[166] Frieda Getreuer am 11.11.1939.
[167] Frieda Getreuer am 20.11.1939.
[168] Frieda Getreuer am 27.10.1940.
[169] Ebd.
[170] Heinrich Getreuer am 20.11.1939.
[171] Frieda Getreuer an Maria Klopfer am 25.11.1939.
[172] Frieda Getreuer am 21.08.1939.
[173] Frieda Getreuer am 28.10.1939.
[174] Frieda Getreuer am 04.11.1939.
[175] Frieda Getreuer am 25.01.1942.
[176] Frieda Getreuer am 11.11.1939.
[177] Frieda Getreuer am 25.11.1939.
[178] Als Einlieferungsdatum im KZ Sachsenhausen ist der 31.10.1939 angegeben. Quelle: Russisches Staatliches Militärarchiv, Moskau,

1367/1/24, Bl. 143, zit. nach Archiv der KZ-Gedenkstätte Sachsenhausen. Die Brüder waren jedoch schon vorher in Haft genommen worden, denn auch Heinrich erwähnt bereits am 19. August, dass Mařka leider immer noch keine nähere Auskunft über ihre Söhne erhalten habe (Heinrich Getreuer an Familie Abeles am 19.08.1939). Der Aufenthaltsort der Brüder zwischen der Verhaftung im August und der Einlieferung in das KZ Sachsenhausen am 31.10.1939 ist unbekannt.

[179] Gemeint ist das KZ Sachsenhausen bei Oranienburg.

[180] Walter Getreuer an Louise Getreuer am 18.03.1940.

[181] Frieda Getreuer an Louise Getreuer am 04.11.1939.

[182] Heinrich Getreuer an Louise Getreuer (über Maria Klopfer), o. D. [Mitte Oktober 1939].

[183] Frieda Getreuer am 28.10.1939.

[184] Frieda Getreuer an Maria Klopfer am 28.10.1939.

[185] Frieda Getreuer am 21.01.1942.

[186] Vgl. die Auskunft im Verstorbenenregister auf der Homepage des Museums Groß-Rosen in Rogoźnica. Online verfügbar unter http://de.grossrosen.eu/baza-zmarlych-wiezniow/przegladaj-baze/ (zuletzt aufgerufen am 19.06.2014). Dort ist als Todesdatum von Ludwig Getreuer der 22.12.1941 angegeben.

[187] Heinrich Getreuer an Louise Getreuer (über Maria Klopfer), o. D. [Mitte Oktober 1939].

[188] Heinrich Getreuer o. D., wahrscheinlich November 1939.

[189] Heinrich Getreuer an Louise Getreuer (über Maria Klopfer), o. D. [Mitte Oktober 1939].

[190] Traditionelles jüdisches Gebäck.

[191] Heinrich Getreuer an Walter Getreuer am 11.06.1940.

[192] Ebd.

Auf Auswanderung hoffen: *„wollen geduldig abwarten, bis auch an uns die Reihe kommt"*

[193] Heinrich Getreuer am 18.09.1940.

[194] Vgl. Wlaschek ^{2}1997, S. 121.

[195] Frieda Getreuer an Maria Klopfer o. D. [Anfang November 1939].

[196] Die folgenden Ausführungen stützen sich auf Wlaschek ^{2}1997, S. 131ff.

[197] Vgl. Wlaschek ^{2}1997, S. 126.

[198] Vgl. Large, David Clay: *Einwanderung abgelehnt.* München 2004, S. 95ff.

[199] Walter Getreuer an Familie Abeles am 07.03.1940.

[200] Louise Getreuer an Familie Abeles am 13.03.1940.
[201] Louise Getreuer an Familie Abeles am 28.02.1940.
[202] Heinrich Getreuer am 13.01.1940.
[203] Louise Getreuer an Familie Abeles am 18.02.1940.
[204] Heinrich Getreuer am 26.11.1940.
[205] Heinrich Getreuer am 08.09.1940.
[206] Heinrich Getreuer am 07.01.1941.
[207] Heinrich Getreuer am 26.11.1940.
[208] Elsa Anspach an Familie Abeles am 03.11.1939.
[209] Maria Klopfer an Familie Abeles am 06.09.1941.
[210] Frieda Getreuer am 10.09.1941.
[211] Julia Samter an Familie Abeles o. D., wahrscheinlich Frühjahr 1940.
[212] Ebd.
[213] Elsa Anspach am 19.04.[1940].
[214] Ebd.
[215] Ludwig Anspach am 22.10.1940.
[216] Elsa Anspach am 22.10.1940.
[217] Elsa Anspach am 24.05.1940.
[218] Heinrich Getreuer am 07.01.1941.
[219] American Jewish Joint Distribution Committee.
[220] Heinrich Getreuer am 22.04.1941.
[221] Heinrich Getreuer am 28.07.1941.
[222] Frieda Getreuer am 20.05.1941.
[223] Ebd.
[224] Ebd.
[225] Ebd.
[226] Heinrich Getreuer am 24.09.1941. Mit „Druckpussi" ist wohl ein „Bussi" im Sinne eines Lippenabdrucks auf dem Brief gemeint.
[227] Heinrich Getreuer am 10.12.1940.
[228] Heinrich Getreuer am 06.05.1941.
[229] Frieda Getreuer am 17.11.1941.
[230] Heinrich Getreuer am 12.08.1941.
[231] Frieda Getreuer am 06.05.1941.

3. Die Verlorenen

Schulgasse 30 – die letzte Adresse

[232] Frieda Getreuer am 20.05.1941.
[233] Heinrich Getreuer am 20.05.1941.

[234] Vgl. Klemperer, Victor: *Ich will Zeugnis ablegen bis zum letzten. Tagebücher 1933-1945.* Berlin [4]1995, Bd. 1: 1933-1941, S. 516ff.
[235] Frieda Getreuer am 06.05.1941.
[236] *Jüdisches Nachrichtenblatt* vom 13.09.1940, Beilage 44, Archiv des Jüdischen Museums Prag, Archivnummer DP inv. č 2 (1941-43).
[237] Frieda Getreuer am 16.06.1941.
[238] Heinrich Getreuer am 28.07.1941.
[239] Ebd.
[240] Frieda Getreuer am 03.06.1941.
[241] Frieda Getreuer am 17.11.1941.
[242] Frieda Getreuer am 05.06.1941.
[243] Frieda Getreuer am 17.11.1941.
[244] Frieda Getreuer am 03.06.1941.
[245] Heinrich Getreuer am 28.07.1941.
[246] Frieda Getreuer am 28.07.1941.
[247] Frieda Getreuer am 10.09.1941.
[248] Frieda Getreuer am 03.06.1941.
[249] Emil Buxbaum an Familie Abeles am 13.06.1941.
[250] Elsa Anspach an Harry Lissauer o. D., wahrscheinlich Ende November 1941. Mit „Rescho" ist ein Rechaud gemeint, ein (Gas-)Kocher zum Erwärmen von Speisen.
[251] Elsa Anspach an ihren Sohn Leo und ihren Neffen Otto Lustig am 26.11.1941.
[252] Leo Anspach erhielt den Judenstern in Shanghai von einem anderen Emigranten.
[253] Polizeiverordnung über die Kennzeichnung der Juden vom 01.09.1941; Deutsches Reichsgesetzblatt Teil I, S. 547. Online einsehbar unter http://alex.onb.ac.at/cgi-content/alex?apm=0&aid=dra&datum=19410004&seite=00000547&zoom=2 (zuletzt aufgerufen am 05.09.2014).
[254] Klemperer [4]1995, Bd. 1, S. 673.
[255] Frieda Getreuer am 24.09.1941.

Vor der Deportation

[256] Kuwalek, Robert: „Das kurze Leben im Osten". Jüdische Deutsche im Distrikt Lublin aus polnisch-jüdischer Sicht. In: Kundrus, Birthe/ Beate Meyer (Hgg.): *Die Ermordung der Juden aus Deutschland. Pläne – Praxis – Reaktionen.* Göttingen 2014, S. 112-134, hier S. 114.
[257] Vgl. Mommsen, Hans: *Das NS-Regime und die Auslöschung des*

Judentums in Europa. Göttingen 2014, S. 148.
258 Friedländer, Saul: *Das Dritte Reich und die Juden*. Die Jahre der Vernichtung: 1939-1945. Bd. 2, München ²2006, S. 290f.
259 Vgl. Wlaschek ²1997, S. 169.
260 Longerich, Peter: Der ungeschriebene Befehl. In: *Spiegel special 1/2001: Die Gegenwart der Vergangenheit*. S. 170-176, hier S. 172.
261 Vgl. Heinrich Getreuer am 17.11.1941.
262 Frieda Getreuer am 05.11.1941.
263 Frieda Getreuer am 13.11.1941.
264 Emil Buxbaum an Familie Abeles am 08.11.1941.
265 Ebd.
266 In der Datenbank von Yad Vashem sind auch Emil Buxbaum und seine Frau Emma als Opfer des Holocaust verzeichnet, vgl. *The Central Database of Shoah Victims' Names*. Online verfügbar unter http://db.yadvashem.org/names/search.html?language=en (zuletzt aufgerufen am 05.09.2014).
267 Vgl. Maria Klopfer an Familie Abeles und Walter Getreuer o. D. [Anfang März 1942].
268 Frieda Getreuer, Brieffragment, wahrscheinlich Anfang Dezember 1941.
269 Gespräch der Autorin mit Marie Fischers Nichte Ruth Zadka in Israel 2009: Maries Schicksal war der Familie bisher völlig unbekannt. Maries Brüder Paul und Otto lebten seit 1939 in Palästina, ihre Eltern starben im Holocaust. Von Marie gibt es nur ein Kinderbild im Besitz ihrer Nichte.
270 *The Central Database of Shoah Victims' Names*.
271 Frieda Getreuer am 13.11.1941.
272 Heinrich Getreuer, Brieffragment o. D., wahrscheinlich Anfang Dezember 1941.
273 Frieda Getreuer an Maria Klopfer am 17.12.1941.
274 Frieda Getreuer am 25.01.1942.
275 Frieda Getreuer am 02.12.1941.
276 Ebd.
277 Ebd.
278 Ebd.
279 Frieda Getreuer am 25.01.1942.
280 Frieda Getreuer an Maria Klopfer am 17.11.1941.
281 Frieda Getreuer am 08.02.1942.
282 Frieda Getreuer am 24.02.1942.
283 Frieda Getreuer am 25.01.1942.

[284] Frieda Getreuer am 13.01.1942.
[285] Frieda Getreuer am 02.12.1941.
[286] Frieda Getreuer an Maria Klopfer am 09.03.1942.
[287] Frieda Getreuer an Maria Klopfer am 24.02.1942.
[288] Frieda Getreuer am 02.12.1941.
[289] Elsa Anspach an Maria Klopfer am 13.11.1941.
[290] Frieda Getreuer am 09.03.1942.
[291] Heinrich Getreuer am 08.02.1942.
[292] Heinrich Getreuer am 26.11.1940.
[293] Heinrich Getreuer am 04.11.1941.
[294] Klemperer [4]1995, Bd. 2: 1942-1945, Eintrag vom 24.03.1942, S. 53.
[295] Heinrich bezieht sich wohl auf das Internierungslager im Stadtteil Milbertshofen, in das ab März 1941 Juden eingeliefert wurden, die später weiterdeportiert wurden.
[296] Heinrich Getreuer am 17.11.1941.
[297] Frieda Getreuer an Maria Klopfer am 05.12.1941.

III Keine Nachricht mehr

1. Die Verschleppten

Nach Theresienstadt: *„zwei Tage sind wir noch Menschen"*

[298] Rudolf Pick o. D., Quelle privat im Besitz der Enkelin Ruth Zadka in Israel.
[299] Frieda und Heinrich Getreuer an Maria Klopfer am 17.04.1942.
[300] Ebd.
[301] Rudolf Pick o. D., Quelle privat im Besitz der Enkelin Ruth Zadka in Israel.
[302] Vgl. Wlaschek [2]1997, S. 169f.; vgl. auch Ginz, Petr: *Prager Tagebuch 1942.* Berlin 2006, S. 40: „am Mittwoch kam die Vorladung (nachts, wie immer)"; sowie Adler, Hans G.: *Theresienstadt 1941-1945.* Tübingen 1955, S. 62.
[303] Elsa Anspach an Maria Klopfer zur Weiterleitung an Rose und Louise am 27.04.1942.
[304] Vgl. Wlaschek [2]1997, S. 169ff.
[305] Opferdatenbank des Theresienstädter Ghettos: http://www2.holocaust.cz/de/victims (zuletzt aufgerufen am 26.09.2014).
[306] Elsa Anspach an Maria Klopfer o. D. [Mai 1942, Antwortvermerk von Maria „an Rosl 24. Mai"].

[307] Petr Ginz erwähnt in seinem Tagebucheintrag vom 20. April 1942 Bekannte (Felix Lederer und Familie Friedländer), die „morgen früh“ nach Theresienstadt fahren werden; Ginz 2006, S. 92. Felix Lederer, geb. 1881, hatte dieselbe Transportnummer wie Frieda und Heinrich und wurde wie sie am 27.04.1942 von Theresienstadt nach Izbica gebracht. Als Ort seines Todes nennt *The Central Database of Shoah Victims' Names* Majdanek, als Todesdatum ist der 13.08.1942 angegeben. Es ist nicht ausgeschlossen, dass Frieda und Heinrich Getreuer sein Schicksal teilten.
[308] Vgl. Ginz 2006, S. 92.
[309] Vgl. Adler 1955, S. 66.
[310] Vgl. z.B. Wlaschek ^{2}1997, S. 169ff. und Adler 1955, S. 62ff. und S. 262ff.
[311] Lustig, Tommy: *Children on Death Row, The Hate and The War.* o.O., o.J. [Printed by Amazon Distribution GmbH] 8. Auflage, S. 45. Die Übersetzung der ausgewählten Textstellen ins Deutsche stammt von der Autorin.
[312] Vgl. Adler 1955, S. 67, S. 263f.
[313] Bahnhof Bubenetsch, tschechisch Bubeneč, auch Bubna.
[314] Lustig o. J., S. 48.
[315] Vgl. Adler 1955, S. 264f.
[316] Vgl. Wlaschek ^{2}1997, S. 171.
[317] Vgl. Adler 1955, S. 266.
[318] Lustig o. J., S. 49.
[319] Ebd., S. 49f.
[320] Kürzel für die „Kavalierkaserne“ (Gebäude E VII).
[321] Zitiert nach Adler 1955, S. 268.
[322] Dr. K. Fleischmann, Original in Tschechisch, zitiert nach Adler 1955, S. 270.
[323] Vgl. ebd., S. 270.
[324] Vgl. Adler 1955, S. 288.
[325] Vgl. ebd.
[326] Zitiert nach Adler 1955, S. 290.
[327] Adler, Hans G.: *Die verheimlichte Wahrheit. Theresienstädter Dokumente.* Tübingen 1958, S. 97.
[328] Kuwalek 2014, S. 113.

Izbica – das letzte Ziel

[329] Vgl. Gottwaldt, Alfred/Diana Schulle: *Die „Judendeportationen“ aus dem Deutschen Reich 1941-1945.* Wiesbaden 2005, S. 202.

[330] Vgl. Adler 1955, S. 686.
[331] Vgl. Gottwaldt/Schulle 2005, S. 202.
[332] Vgl. Kuwalek, Robert: Das Durchgangsghetto Izbica. In: Löw, Andrea et al. (Hgg.): *Deutsche – Juden – Polen.* Frankfurt/Main 2004, S. 157ff.
[333] Vgl. Gottwald/Schulle 2005, S. 183.
[334] Vgl. Kuwalek 2004, S. 157.
[335] Online einsehbar unter http://www.edwardvictor.com/Ghettos/Izbica.htm (zuletzt aufgerufen am 03.07.2014).
[336] Vgl. Kuwalek 2004, S. 157.
[337] Vgl. Kuwalek 2004, S. 166.
[338] Mitteilung des Rates der jüdischen Gemeinden in den böhmischen Ländern vom 06.06.1955, AZ E17530-B-KV/552, an die Tochter Irma Getreuer in Haifa, Maschinenschrift, private Quelle.
[339] Im Sinne von „Wir kochen unser Essen selbst"; mundartlich reflexiv gebraucht.
[340] Vgl. Adler 1955, S. 686.
[341] Vgl. Johannsen, Lorenz Peter: *Kinderarzt Karl Leven.* Teetz 2005, S. 239.
[342] Vgl. Friedländer 2006, S. 386; sowie Holocaust Education & Archive Research Team: „Majdanek Concentration Camp". Online verfügbar unter http://www.holocaustresearchproject.org/othercamps/majdanek.html (zuletzt aufgerufen am 03.07.2014).
[343] Vgl. Kuwalek 2004, S. 166.
[344] Vgl. Friedländer 2006, S. 385.

2. Die Verschollenen

Die Hiobsbotschaft

[345] Elsa Anspach an Maria Klopfer am 27.04.1942.
[346] Maria Klopfer am 03.05.1942.
[347] Ebd.
[348] Ebd.
[349] Maria Klopfer in einem Brief an Rose Abeles und Walter Getreuer am 22.08.1942.
[350] Ebd.
[351] Ebd.
[352] Leo Anspach an Maria Klopfer am 23.02.1942.
[353] Maria Klopfer an Rose Abeles und Walter Getreuer am 26.09.1942.

Warten und Suchen: *„und hat noch niemand eine Zeile geschrieben"*

[354] Ernst Epstein an Maria Klopfer am 12.08.1942.
[355] Elsa Anspach an Maria Klopfer am 04.05.1942.
[356] Elsa Anspach an Maria Klopfer am 15.05.1942.
[357] Ebd.
[358] Maria Klopfer an Familie Abeles und Walter Getreuer am 14.05.1942.
[359] Maria Klopfer an Rose Abeles und Walter Getreuer am 24.05.1942.
[360] Ebd.
[361] Maria Klopfer an Rose Abeles und Walter Getreuer am 14.05.1942.
[362] Ebd.
[363] Elsa Anspach an Maria Klopfer o. D., handschriftlicher Eingangsvermerk von Maria „ang. 25. Mai".
[364] Maria Klopfer am 26.06.1942.
[365] Ebd.
[366] Alice (Liesl) Epstein an Maria Klopfer am 20.06.1942.
[367] Max und Dora Abeles, Josefs Eltern.
[368] Maria Klopfer an Rose Abeles und Walter Getreuer am 26.06.1942.
[369] Ebd.
[370] Rose weiß von Maria, dass ihre Schwiegereltern Max und Dora Abeles nach Theresienstadt gebracht wurden. Die Frage „Wo ist Trude?" bezieht sich auf Elsa Anspachs Tochter Gertruda.
[371] Der Zettel befindet sich zwischen den Blättern der Korrespondenz.
[372] Martha Epstein an Maria Klopfer am 01.07.1942.
[373] Dr. med. Alfred Lustig, ein Neffe von Elsa.
[374] Martha Epstein an Maria Klopfer am 24.07.1942; um wen es sich bei Jenny und Fanni handelt, ist nicht bekannt.
[375] Ernst Epstein an Maria Klopfer am 12.08.1942.
[376] Ebd., mit „Vater" ist Fritz Lustig gemeint.
[377] Ernst Epstein an Maria Klopfer am 17.08.1942.
[378] Maria Klopfer an Familie Abeles und Walter Getreuer am 22.08.1942.
[379] Martha Epstein an Maria Klopfer am 02.07.[1943].
[380] Maria Klopfer an Familie Abeles und Walter Getreuer am 26.09.1942.

Die Wahrheit begreifen

[381] Maria Klopfer an Familie Abeles und Walter Getreuer am 13.08.1942.
[382] Ebd.

[383] Maria Klopfer o. D., wahrscheinlich an Familie Abeles Ende 1942.
[384] Maria Klopfer an Ernst Epstein am 01.04.1943. Die Karte kam als unzustellbar zurück – der Empfänger war inzwischen deportiert worden.
[385] Vgl. Adler 1955, S. 196f.
[386] Maria Klopfer an ihren Ehemann Theo Klopfer am 24.02.1945.
[387] Ebd., Maria weiß nicht, dass Frieda und Heinrich nur ganz wenige Tage in Theresienstadt zubrachten.
[388] Maria Klopfer an Rose und Josef Abeles am 15.03.1945.
[389] Ebd.
[390] Fritz Lustig.
[391] Margarete Abeles, Ehefrau von Eugen Abeles, einem Bruder von Josef Abeles; vgl. Stadtarchiv München (Hg.): *Biographisches Gedenkbuch der Münchner Juden. 1933-1945.* Band 1, München 2003, S. 31.
[392] Paul Lustig (Name in „Lenda" geändert) an die Familie in den USA am 10.09.1945.
[393] Ebd.
[394] Antrag der Geschwister Getreuer an die *Foreign Claims Settlement Commission* auf Anerkennung ihrer Erbschaftsansprüche auf den elterlichen Besitz in Schwanenbrückl, 1959, Maschinenschrift, private Quelle.

3. Die Ermordeten

[395] Alle Transportdaten beruhen auf den Angaben der *Central Database of Shoah Victims' Names* in Yad Vashem; diese weichen gelegentlich von den Angaben anderer Datenbanken geringfügig ab.
[396] Russisches Staatliches Militärarchiv, Moskau, 1367/1/22/ Bl. 604 und 1367/1/20/Bl.035; zitiert nach den Datenbanken des Archivs der KZ-Gedenkstätte Sachsenhausen.
[397] Ebd.
[398] Frieda Getreuer am 29.03.1942. Wahrscheinlich befand sich der Junge im Kinderheim des Lagers Theresienstadt.
[399] Frieda Getreuer an Maria Klopfer und ihre Eltern am 25.11.1939.
[400] Vgl. Gottwaldt/Schulle 2005, S. 131.
[401] *The Central Database of Shoah Victims' Names.*
[402] Ebd.
[403] Russisches Staatliches Militärarchiv, Moskau 1367/1/24, Bl. 143, zitiert nach den Datenbanken des Archivs der Gedenkstätte Sachsenhausen.
[404] Ebd. Nach den Namenslisten und Zugangsdaten des Archivs der KZ-Gedenkstätte Dachau erfolgte die Verlegung am 03.09.1940.

[405] Vgl. Namenslisten und Zugangsbücher des Archivs der KZ-Gedenkstätte Dachau.
[406] Ebd.
[407] Vgl. Verstorbenenregister auf der Homepage des Museums Groß-Rosen in Rogoźnica. Online verfügbar unter http://de.gross-rosen.eu/baza-zmarlychwiezniow/przegladaj-baze/ (zuletzt aufgerufen am 19.06.2014).
[408] Heinrich Getreuer an Rose Abeles, undatiert [Juni 1940].
[409] *The Central Database of Shoah Victims' Names.*
[410] Elsa Anspach an Maria Klopfer am 11.03.1942.
[411] Trude Anspach an Maria Klopfer am 14.05.1942.
[412] Ebd.
[413] Paul Lenda an die Familie in den USA am 10.09.1945.
[414] Vgl. Gottwaldt/Schulle 2005, S. 245; *The Central Database of Shoah Victims' Names.*
[415] Vgl. Gottwaldt/Schulle 2005, S. 245.
[416] Vgl. Adler 1955, S. 687.
[417] Vgl. Absenderangaben auf Postkarten, z.B. Ernst Epstein an Maria Klopfer am 11.02.1943.
[418] *The Central Database of Shoah Victims' Names.*
[419] Paul Lenda an die Familie in den USA am 10.09.1945.
[420] Z.B. am 02.07.[1943].
[421] Ebd.
[422] Paul Lenda an die Familie in den USA am 10.09.1945.
[423] Ebd.
[424] *The Central Database of Shoah Victims' Names.*
[425] Postkarte von Martha Epstein an Maria Klopfer am 02.07.1943.
[426] Ebd.
[427] Vgl. Gottwaldt/Schulle 2005, S. 423.
[428] Vgl. ebd., S. 424.
[429] Vgl. Elsa Anspach an Maria Klopfer am 14.05.1942; Elsa schreibt „heute", der Transport verließ Prag am nächsten Tag.
[430] Vgl. Gottwaldt/Schulle 2005, S. 209.
[431] Vgl. Elsa Anspach an Maria Klopfer am 14.09.1942.
[432] Ernst Epstein an Maria Klopfer am 03.11.1943.
[433] Folgende Angaben nach Stadtarchiv München (Hg.): *Biographisches Gedenkbuch der Münchner Juden. 1933-1945.* Band 1, München 2003, S. 29 und 32.
[434] *Der Stürmer* Juni 1938, Bayerische Staatsbibliothek München, Mikrofilm R 6146-5, Mediennummer 36602451560016.

[435] Maria Klopfer an Rose Abeles und Walter Getreuer am 20.03.1942.
[436] Vgl. Gottwaldt/Schulle 2005, S. 292.
[437] Vgl. Gottwaldt/Schulle 2005, S. 226.
[438] In der Datenbank von Yad Vashem sind 28 Holocaustopfer mit dem Namen Getreuer angeführt, in der Datenbank des Jüdischen Museums in Prag 24. Wegen des Mangels an Quellen konnten nicht alle der Familie Getreuer aus Libochowitz zugeordnet werden. Eine andere jüdische Familie aus Böhmen mit diesem Namen ist bisher jedoch nicht bekannt.

Epilog

[439] Paul Lenda an die Familie in den USA am 10.09.1945.
[440] Ebd.
[441] Vgl. Lustig o.J., S. 111.
[442] Franz Richter schrieb in einem Nachruf für Rose Abeles am 28.03.2000 im Heimatboten des Heimatkreises Bischofteinitz: „Rosina [sic!] schrieb mir sehr oft, dass sie sehr starkes Heimweh nach ihrem geliebten Schwanenbrückl im Radbusatal hatte. Sie dachte auch immer an ihre lieben Landsleute, wo vor fast 90 Jahren ihre Wiege stand.“
[443] Ortsbetreuer Franz Richter in Rottendorf bei Würzburg. Die alteingesessene Schwanenbrückler Familie Richter war mit der Familie Klauber-Getreuer gut bekannt. Nach der Vertreibung der Deutschen nach Kriegsende wählten die Vertriebenen vielerorts Ortsbetreuer, um den Zusammenhalt zwischen den ehemaligen Landsleuten aufrecht zu erhalten.
[444] William und Thomas Getreuer im Gespräch mit der Autorin am 20. Mai 2012 in Wien.
[445] Ruth Horwitz in einem Brief an die Autorin am 02.07.2013.
[446] Interview mit William und Thomas Getreuer in Wien am 20. Mai 2012, Aufzeichnung ZF Film Zdeněk Flídr, Prag.
[447] Ruth Horwitz in einem Brief an die Autorin am 02.07.2013.
[448] Irene Lustig (Lenda) an Maria Klopfer am 25.08.1945.
[449] Ebd., Zusatz von Maria Klopfer.
[450] Ruth Horwitz an Zdeněk Flídr am 11.05.2011, handschriftlich, privat.

Quellen und Archive

Abeles, Rose geb. Getreuer: *Memories of my Childhood in a Village in the Bohemian Forest.* Maschinenschrift, privat.

Amtsblatt des Verkehrsministeriums für den Bereich der Protektoratspost Böhmen und Mähren vom 08.09.1938 und vom 20.07.1940, eingesehen im Postmuseum Prag.

Antrag der Geschwister Getreuer an die *Foreign Claims Settlement Commission* auf Anerkennung ihrer Erbschaftsansprüche auf den elterlichen Besitz in Schwanenbrückl vom 21.12.1959, Maschinenschrift, privat.

Archiv der KZ-Gedenkstätte Dachau.

Archiv der KZ-Gedenkstätte Sachsenhausen.

Archiv des Jüdischen Museums München.

Bezirksarchiv Horšovský Týn (Bischofteinitz).

Der Stürmer Juni 1938, Bayerische Staatsbibliothek München, Mikrofilm R 6146-5, Mediennummer 36602451560016.

Jüdisches Nachrichtenblatt, Archiv des Jüdischen Museums Prag, Archivnummer DP inv. č 2 (1941-43).

Korrespondenz der Familie Getreuer, 1938-1946, privat.

Lebenserinnerungen von Louise Gutman geb. Getreuer, handschriftlich, privat.

Tagebuch Walter Getreuer, handschriftlich, privat.

Treuhandstelle des Reichsprotektors, Verordnung vom 28.01.1940, Archivnummer DP inv. i. 22/1-13 Treuhandstelle, Jüdisches Museum Prag.

Literatur

Adler, Hans G.: *Die verheimlichte Wahrheit. Theresienstädter Dokumente.* Tübingen 1958.

Adler, Hans G.: *Theresienstadt 1941-1945.* Tübingen 1955.

Albright, Madeleine: *Winter in Prag.* München ³2013.

Beneš, František/Patricia Tosňerová: *Die Post im Ghetto Theresienstadt 1941-1945.* Prag 1996.

Benz, Wolfgang/Barbara Distel: *Der Ort des Terrors. Geschichte der nationalsozialistischen Konzentrationslager.* Bd. 8: *Riga-Kaiserwald, Warschau, Vaivara, Kauen (Kaunas), Płaszów, Kulmhof/Chelmno, Bełżec, Sobibór, Treblinka.* München 2008.

Benz, Wolfgang/Barbara Distel: *Der Ort des Terrors. Geschichte der nationalsozialistischen Konzentrationslager.* Bd. 9: *Arbeitserziehungslager, Ghettos, Jugendschutzlager, Polizeihaftlager, Sonderlager, Zigeunerlager, Zwangsarbeiterlager.* München 2009.

Doerry, Martin: *„Mein verwundetes Herz". Das Leben der Lilli Jahn 1900-1944.* Stuttgart 2002.

Friedländer, Saul: *Das Dritte Reich und die Juden. Die Jahre der Verfolgung: 1933-1939.* Bd. 1, München 1998.

Friedländer, Saul: *Das Dritte Reich und die Juden. Die Jahre der Vernichtung: 1939-1945.* Bd. 2, München ²2006.

Ginz, Petr: *Prager Tagebuch 1942.* Berlin 2006.

Gottwaldt, Alfred/Diana Schulle: *Die „Judendeportationen" aus dem Deutschen Reich 1941-1945.* Wiesbaden 2005.

Gutman, Israel (Hg.): *Enzyclopädie des Holocaust.* 3 Bände, Berlin 1993.

Guttermann, Bella/Shalev Avner (Hg.): *Zeugnisse des Holocaust. Gedenken in Yad Vashem.* Jerusalem 2008.

Häsler, Alfred A.: *Das Boot ist voll. Die Schweiz und die Flüchtlinge 1933-1945.* Zürich 2008.

Heppner, Ernest G.: *Fluchtort Shanghai. Erinnerungen 1938-1948.* Berlin 2001.

Hoffer, Gerda: *Nathan Ben Simon und seine Kinder.* München 1996.

Iggers, Wilma (Hg.): *Die Juden in Böhmen und Mähren.* München 1986.

Johannsen, Lorenz Peter: *Kinderarzt Karl Leven.* Teetz 2005.

Kaplan, Vivian Jeanette: *Von Wien nach Shanghai. Die Flucht einer jüdischen Familie.* München 2005.

Katz, Zwi: *Von den Ufern der Memel ins Ungewisse. Eine Jugend im Schatten des Holocaust.* München 2010.

Klemperer, Victor: *Ich will Zeugnis ablegen bis zum letzten. Tagebücher 1933-1945.* 2 Bde., Berlin ⁴1995.

Kluge, Manfred (Hg.): *Wir wollen weiterleben … Das Schicksal der jüdischen Familie Loeb – dokumentiert in Briefen und Selbstzeugnissen.* Bielefeld 2003.

Kundrus, Birthe/Beate Meyer: *Die Deportation der Juden aus Deutschland. Pläne – Praxis – Reaktionen 1938-1945.* Göttingen ²2005.

Kuwalek Peter: Die letzte Station vor der Vernichtung: Das Durchgangslager Izbica. In: Löw, Andrea/Kerstin Robusch/Stefanie Walter (Hgg.): *Deutsche – Juden – Polen.* Frankfurt 2004.

Kuwalek, Robert: „Das kurze Leben im Osten“. Jüdische Deutsche im Distrikt Lublin aus polnisch-jüdischer Sicht. In: Kundrus, Birthe/Beate Meyer (Hgg.): *Die Ermordung der Juden aus Deutschland. Pläne – Praxis – Reaktionen.* Göttingen 2014, S. 112-134.

Kuwalek, Robert: *Das Vernichtungslager Belzec.* Berlin 2013.

Large, David Clay: *Einwanderung abgelehnt.* München 2004.

Longerich, Peter: Der ungeschriebene Befehl. In: *Spiegel special* 1/2001: *Die Gegenwart der Vergangenheit.* S. 170-176.

Lustig, Tommy: *Children on Death Row, The Hate and The War.* o.O., o.J. [Printed by Amazon Distribution GmbH], 8. Auflage.

Mendelsohn, Daniel: *Die Verlorenen. Eine Suche von sechs von 6 Millionen.* Frankfurt/Main 2012.

Micko, Johann: Geschichte der Juden in Muttersdorf. In: Gold, Hugo (Hg.): *Die Juden und Judengemeinden in Vergangenheit und Gegenwart.* Brünn 1934, S. 405-407.

Micko, Johann: *Geschichte der nach Muttersdorf eingepfarrten Gemeinden Schwanenbrückl, Altgramatin, Wasserau und Gorschin.* Muttersdorf 1924.

Mommsen, Hans: *Das NS-Regime und die Auslöschung des Judentums in Europa.* Göttingen ²2014.

Osterloh, Jörg: *Nationalsozialistische Judenverfolgung im Reichsgau Sudetenland 1938-1945.* München 2006.

Otte, Anton et al.: *Die Juden im Sudetenland.* Prag 2000.

Procházka, Zdeněk: *Auf den Spuren der verschwundenen Dörfer des Böhmischen Waldes. Tauser Teil,* o.O. und o.J.

Procházka, Zdeněk: *Wanderungen durch die verschwundenen Ortschaften des Böhmischen Walds.* Bd. 1: *Kreis Taus. Die Geschicke von 50 verschwundenen Dörfern, Weilern und Einöden.* Taus 2007.

Schieb, Barbara: *Nachricht von Chotzen.* Berlin 2000.
Seibt, Ferdinand: *Deutschland und die Tschechen. Geschichte einer Nachbarschaft in der Mitte Europas.* München ^{4}1998.
Stadtarchiv München (Hg.): *Biographisches Gedenkbuch der Münchner Juden. 1933-1945.* Band 1, München 2003.
Wlaschek, Rudolf M.: *Juden in Böhmen.* München ^{2}1997.
Wollenberg, Jörg (Hg.): *„Niemand war dabei und keiner hat's gewusst". Die deutsche Öffentlichkeit und die Judenverfolgung 1933-1945.* München 1989.

Internetquellen

Der Spiegel 29/1992. Online verfügbar unter http://www.spiegel.de/spiegel/print/d-9281546.html (zuletzt aufgerufen am 02.08.2014).

Holocaust Education & Archive Research Team (H.E.A.R.T.): www.holocaustresearchproject.org (zuletzt aufgerufen am 02.08.2014).

Klauber, Maya: *Klauber Brothers. Six Generations of Luck and Lace.* Online verfügbar unter http://blog.hankypanky.com/klauber-history/ (zuletzt aufgerufen am 24.07.2014).

Opferdatenbank des Theresienstädter Ghettos: http://www2.holocaust.cz/de/victims (zuletzt aufgerufen am 26.09.2014).

Polizeiverordnung über die Kennzeichnung der Juden vom 01.09.1941; Deutsches Reichsgesetzblatt Teil I, S. 547. Online einsehbar unter http://alex.onb.ac.at/cgi-content/alex?apm=0&aid=dra&datum=19410004&seite=00000547&zoom=2 (zuletzt aufgerufen am 05.09.2014).

Schreiben des Judenrats von Izbica an die Jüdische Gemeinde von Würzburg. Online einsehbar unter http://www.edwardvictor.com/Ghettos/Izbica.htm (zuletzt aufgerufen am 03.07.2014).

The Central Database of Shoah Victims' Names, Yad Vashem. Online verfügbar unter http://db.yadvashem.org/names/search.html?language=en (zuletzt aufgerufen am 05.09.2014).

Verstorbenenregister auf der Homepage des Museums Groß-Rosen in Rogoźnica. Online verfügbar unter http://de.gross-rosen.eu/baza-zmarlych-wiezniow/przegladaj-baze/ (zuletzt aufgerufen am 19.06.2014).

Film

Osudy židovského obyvatelstva na Šumavě a v Bavorském lese. ZF Film Prag 2013.

Abbildungsnachweis

Titelbild, Abb. 9, 12, 27: Sammlung Ruth Horwitz
Abb. 1, 4, 33: Regina Gottschalk
Abb. 2, 16, 21: Sammlung James Gutman
Abb. 3, 6: Gestaltung Günter Holler
Abb. 5, 7, 14, 15: Sammlung Franz Richter
Abb. 8, 11, 13, 20, 22, 25, 26, 35, 43, 44, 45: Sammlung Thomas und William Getreuer
Abb. 10, 17, 19, 28, 29, 30, 32, 34: Sammlung Leonard Anspach
Abb. 18, 23: Sammlung Thomas Lenda
Abb. 24: Bayerische Staatsbibliothek München
Abb. 31: Sammlung Shimat Kastoriano
Abbildungen 36, 37 und 38: © Mohr Siebeck Tübingen. Aus: Hans G. Adler: *Die verheimlichte Wahrheit. Theresienstädter Dokumente.* Tübingen 1958. Abdruck mit freundlicher Genehmigung des Mohr Siebeck Verlags.
Abb. 39, 40: Terezín Digital Resource Centre, Database of Victims
Abb. 41, 42: Privatbesitz Ruth Zadka
Abb. 46, 48: Itzik Reicher
Abb. 47: Datenbank des Jüdischen Museums Prag

Dank

Der Weg vom ersten Blättern in den schwer entzifferbaren Briefen von Heinrich und Frieda Getreuer bis zum vorliegenden Buch war lang und mühevoll. Ich konnte ihn nur zu Ende gehen, weil ich auf Unterstützung, Anregung und Ermutigung aus dem Familien-und Freundeskreis bauen konnte.

Mein Dank gilt in erster Linie den Nachkommen der Verfolgten und Ermordeten in den USA und in Israel. Friedas und Heinrichs Enkel in den USA, William und Thomas Getreuer sowie James Gutman, stellten mir außer den Briefen ihrer Verwandten zusätzliche Familiendokumente zur Verfügung. Ihnen verdanke ich als besonders wertvolle Quellen das Tagebuch von Walter Getreuer und die Jugenderinnerungen von Louise Gutman und Rose Abeles. Ebenso hilfreich standen mir Friedas Großneffen Thomas Lenda, Leonard Anspach und seine Schwester Beverly Starno mit Auskünften und weiteren Dokumenten zur Seite. Von großem Wert war Thomas Lendas autobiografisches Buch *Children on Death Row, The Hate and the War* über seine dreijährige Leidenszeit als Kind in Theresienstadt.

Von der Generation, die die Opfer der Verfolgung noch persönlich kannte, lebten während des Zeitraums der Entstehung dieses Buches nur noch Friedas und Heinrichs Enkelin Ruth Horwitz geb. Abeles und Heinrichs Neffe Josef Getreuer, beide in Israel. Josef Getreuer verdanke ich einen mündlichen Bericht über seinen Besuch als Kind in Schwanenbrückl, viele Auskünfte zur Familiengeschichte und sachkundige Antworten auf judaistische Fragen. Leider hat er das Erscheinen des Buches nicht mehr erlebt, aber seine Kinder haben mich auch nach seinem Tod nach Kräften unterstützt. Mit Ruth Horwitz führte ich bei meinen Besuchen in Israel Gespräche über ihre Kindertage bei den Großeltern in Schwanenbrückl und über das Leben ihrer Eltern nach der Emigration in die USA. Auch sie stellte mir Fotos aus dem Familienbesitz zur Verfügung.

Auch Heinrichs Großnichte Ruth Zadka geb. Getreuer in Haifa verdanke ich Informationen zur Familiengeschichte, Einblick in ihre Familienarchivalien und die Überlassung von Originaldokumenten. Aus dem holländischen Familienzweig möchte ich besonders meinem Cousin Edgar Getreuer (†) und seiner Frau Gé danken, die in mühevoller Arbeit anhand von alten Matrikelbüchern im Staatsarchiv Prag den Stammbaum der Familie Getreuer zusammengestellt haben, der für das Verständnis der Verwandtschaftsbeziehungen unentbehrlich ist.

Als unübertrefflicher Kenner des Lebens der Menschen in Schwanenbrückl war der Ortsbetreuer Franz Richter (†) in Rottendorf bei Würzburg ein immer hilfsbereiter und zuverlässiger Partner.

Weiter bedanke ich mich bei meinen tschechischen Freunden: Dr. Hana Tomsa-Hladik und Josef Hladik halfen mir immer, wenn ich Fragen zu tschechischen Textstellen hatte. Sie haben mir immer mit guten Ratschlägen und wertvollen Anregungen geholfen.

Das Gleiche gilt für den jungen tschechischen Historiker und Theologen Dr. Jakub Zentner, auf dessen Sachkunde ich mich jederzeit stützen konnte.

Während ich an meinem Buch arbeitete, schuf der tschechische Regisseur Mag. Zdeněk Flídr für das tschechische Fernsehen eine dreiteilige Dokumentation über das Schicksal der jüdischen Bevölkerung im Böhmerwald und im Bayerischen Wald *(Osudy židovského obyvatelstva na Šumavě, a v Bavorském lese),* in die das Leben der Familie Getreuer aus Schwanenbrückl einbezogen wurde. Ihm und seinem Team danke ich für die menschlich und fachlich angenehme Zusammenarbeit, die wohl beiden Projekten zugutegekommen ist.

Schließlich gilt mein Dank dem *lichtung verlag* in Viechtach, der das Buch in sein Verlagsprogramm aufgenommen hat, und Ines Brachmann, die als Lektorin ebenso sorgfältige wie einfühlsame Arbeit geleistet hat.

Meinem Mann Ulrich Gottschalk möchte ich danken für die Geduld, mit der er die Entstehung dieses Buches durch Zuhören, Mitfühlen, Beraten und Ermutigen begleitet hat.

Abb. 48: Ruth Horwitz (geb. Abeles) und Regina Gottschalk im Mai 2014 in Israel bei der Lektüre des Manuskripts dieses Buches

Zeitgeschichte im *lichtung verlag*

Thomas Muggenthaler: Verbrechen Liebe
Von polnischen Männern und deutschen Frauen: Hinrichtungen und Verfolgung in Niederbayern und der Oberpfalz während der NS-Zeit, 2010, Klappenbroschur, 176 S., ca. 40 Schwarz-Weiß-Abbildungen, 14,80 Euro, ISBN 978-3-929517-48-4

Thomas Muggenthaler stieß im Staatsarchiv Amberg auf Akten, die die Hinrichtung von polnischen Zwangsarbeitern in Niederbayern und der Oberpfalz dokumentieren. Sie wurden zwischen 1941 und 1943 in der Nähe ihres Arbeitsplatzes erhängt, weil sie „verbotenen Umgang" mit deutschen Frauen hatten. Muggenthaler ging den Zeugnissen nach und recherchierte vor Ort. Auch mit betroffenen Frauen und Kindern aus diesen Beziehungen konnte er sprechen.

Thomas Muggenthaler: Wir hatten keine Jugend
Zwangsarbeiter erinnern sich an ihre Zeit in Bayern, 2003, 208 S., 28 Fotos, 13,20 Euro, ISBN 978-3-929517-56-9

Otto Schwerdt / Mascha Schwerdt-Schneller: Als Gott und die Welt schliefen
1998, 39. Aufl. 2013, 112 S., 10,20 Euro, ISBN 978-3-929517-27-9

Otto Schwerdt, 1923 in Braunschweig geboren, flieht 1936 mit seiner Familie nach Polen. 1943 ins Vernichtungslager Auschwitz-Birkenau deportiert, überlebt Otto Schwerdt zusammen mit seinem Vater den Holocaust; seine Mutter, seine Schwester und sein Bruder werden von den Nationalsozialisten ermordet. Schwerdt lebte bis zu seinem Tod 2007 in Regensburg.

Mark Stern / Isabel Alcoff: Rückkehr nach Flossenbürg
Erinnerungen eines Überlebenden des Holocaust. Aus dem Amerikanischen von Eva Bauernfeind, 1995, 95 S., 10,20 Euro, ISBN 978-3-929517-08-0

Zeitgeschichte im *lichtung verlag*

Eugen Oker: Zahlbar nach dem Endsieg
Neuausgabe 2008, Klappenbroschur, mit Zeichnungen und Abbildungen aus dem Tagebuch des Autors, 256 S., 19,80 Euro,
ISBN 978-3-941306-00-4

Ein autobiographischer Roman: Okers Erinnerungen an die unheilvollen Jahre der deutschen Geschichte.

Eugen Oker: ... und ich der Fahnenträger
Ein negativer Erziehungsroman – eine unheimlich wahre Satire, Neuausgabe 2010, Klappenbroschur, 152 S., 13,80 Euro,
ISBN 978-3-941306-02-8

Das fiktive Tagebuch eines Hitlerjungen zeigt, wie sich nationalsozialistisches Gedankengut allmählich in den Köpfen breit machen konnte.

Richard W. Dill: Niederbayern 1848
Über die schwierigen Anfänge der Demokratie – die niederbayerischen Abgeordneten in der Paulskirche, 2007, 256 S., 10 Abb., 16,80 Euro, ISBN 978-3-929517-82-8

Norman Dankerl: Alois Lindner
Das Leben des bayerischen Abenteurers und Revolutionärs, 2007, 144 S., 11,80 Euro, ISBN 978-3-929517-79-8

Friedrich Brandl: Wieder am Bauzaun
Eine Geschichte von Tränengas und Zärtlichkeit, 2010, Klappenbroschur, 160 S., 13,80 Euro, ISBN 978-3-929517-91-0

Zwei Jugendliche engagieren sich im Widerstand gegen die Atomfabrik, die die Industrie und der Freistaat Bayern Mitte der 1980er Jahre in der Oberpfalz bauen wollen.